LE BATARD
DE MAULÉON

Alexandre Dumas.

Quatrième volume.

BRUXELLES.
MELINE, CANS ET COMPAGNIE.

LIVOURNE.	LEIPZIG.
MÊME MAISON.	J. P. MELINE

1847

LE BATARD
DE MAULÉON.

LE BATARD

DE MAULÉON

PAR

Alexandre Dumas.

TOME IV.

BRUXELLES.
MELINE, CANS ET COMPAGNIE.

LIVOURNE.	LEIPZIG.
MÊME MAISON.	J. P. MELINE.

1846

LE BATARD DE MAULÉON.

I

LES BOHÉMIENS.

Ce que nos voyageurs contemplaient avec surprise méritait en effet l'attention que l'un et l'autre y accordaient.

Voici ce que le regard pouvait embrasser par la gerçure du roc :

D'abord, une caverne à peu près semblable à celle dans laquelle nos deux voyageurs se trouvaient ; puis, au centre de cette caverne, deux figures assises ou plutôt accroupies auprès d'un coffret posé sur une pierre plus large que lui ; à l'un des angles de cette pierre, une des deux figures essayait de faire tenir une cire allumée, laquelle, en éclairant la scène, projetait cette lumière qui avait attiré l'attention des voyageurs.

Ces deux figures étaient habillées misérablement et encapuchonnées de ce voile épais aux couleurs incertaines, qui caractérisait les bohémiennes d'alors ; elles furent donc reconnues par Agénor pour deux femmes de cette nation vagabonde ; elles étaient vieilles, à en juger par leur maintien et leurs gestes.

A deux pas d'elles se tenait une troisième figure debout et pensive; mais comme la vacillante lumière de la cire n'éclairait point son visage, il était impossible de dire à quel sexe cette troisième figure appartenait.

Pendant ce temps les deux premières figures disposaient quelques paquets de hardes en guise de siéges.

Tout cela était pauvre, misérable, déguenillé ; il n'y avait que le coffret qui jurait singulièrement avec toute cette misère, il était d'ivoire tout incrusté d'or.

Sur ces entrefaites, une quatrième figure entra, s'avançant du fond de la grotte, d'abord dans l'ombre, ensuite dans la pénombre, ensuite dans la lumière.

Elle s'approcha, s'inclina vers l'une des deux femmes assises et lui adressa quelques paroles que ni Agénor ni Musaron ne purent entendre.

La bohémienne assise écouta avec attention, puis congédia du geste le nouveau venu.

Agénor remarqua que ce geste était à la fois plein de noblesse et de commandement.

La figure debout suivit, après s'être inclinée, celle qui avait prononcé quelques paroles, et toutes deux disparurent dans les profondeurs de la grotte.

Alors, la femme au geste impérieux se leva à son tour et posa son pied sur la pierre.

On voyait clairement les actions de tous ces gens, mais on ne pouvait entendre leurs paroles, qui, ainsi que nous l'avons dit, vagissaient dans la grotte en murmures confus.

Les deux femmes bohèmes étaient restées seules.

— Gageons, monseigneur, dit Musaron à voix basse, que ces deux vieilles sorcières ont trois cents ans à elles deux. Ces bohémiens vivent l'âge des corneilles.

— En effet, dit Agénor, elles ne paraissent pas jeunes.

Pendant ce temps, la seconde femme, au lieu de se lever comme la première, s'était mise à genoux, et commençait de délacer le brodequin de peau de daim qui enveloppait sa jambe jusqu'au-dessus de la cheville.

— Ma foi, dit Agénor, regarde si tu veux, moi, je me retire; rien n'est laid comme un pied de vieille.

Musaron, plus curieux que son maître, resta, tandis que le chevalier faisait un mouvement en arrière.

— Ma foi! monsieur. dit-il, je vous assure que celui-ci est moins affreux qu'on ne le croirait. Oh! mais c'est que, tout au contraire, il est charmant. Regardez donc, monsieur, regardez donc.

Agénor se risqua.

— En effet, dit-il, c'est extraordinaire! et la cheville est d'une exquise perfection! Oh! ce sont de magnifiques races que ces bohèmes.

La vieille alla tremper, dans une eau claire comme le cristal et qui roulait en gouttes de diamants sur un rocher, un linge d'une finesse parfaite, et elle vint laver le pied de sa compagne.

Puis elle fouilla dans le coffret incrusté d'or et en tira des parfums dont elle frotta le pied qui faisait l'admiration et surtout l'étonnement des deux voyageurs.

— Des parfums! des baumes! voyez-vous, monsieur? voyez-vous? s'écria Musaron.

— Que veut dire ceci? murmura Agénor, qui voyait la bohémienne mettre au jour un second pied non moins blanc et non moins délicat que le premier.

— Monsieur, dit Musaron, c'est la toilette de la reine des bohèmes, et tenez, voilà qu'on la déshabille.

En effet, la bohémienne, après avoir lavé, essuyé et parfumé le second pied, comme elle avait fait du premier, venait de passer au voile, qu'elle enleva avec toutes les précautions possibles et une expression infinie de respect.

Le voile, en tombant, au lieu de mettre à nu les rides d'une centenaire, comme l'avait prédit Musaron, découvrit une charmante figure, aux yeux bruns, à la peau colorée, au nez busqué selon toute la pureté du type ibérique, et les deux voyageurs purent reconnaître une femme de vingt-six ou vingt-huit ans, resplendissante de l'éclat d'une merveilleuse beauté.

Pendant que les deux spectateurs étaient plongés dans l'extase, la vieille bohémienne étendit sur le sol de la caverne un tapis de poil de chameau qui, quoique long d'une dizaine de pieds, eût passé dans la bague d'une jeune fille; il était composé de ce tissu dont les Arabes avaient seuls le secret à cette époque, et qui se fabriquait avec du poil de chameau mort-né. Alors la première bohémienne posa ses deux pieds nus sur ce magnifique tapis, tandis qu'après lui avoir ôté, comme nous avons dit, le voile qui lui couvrait le visage, la vieille bohémienne s'apprêtait à détacher le voile qui lui couvrait le sein.

Tant que ce dernier tissu fut à sa place, Musaron retint son souffle, mais lorsqu'il tomba il ne put s'empêcher de laisser échapper un cri d'admiration.

A ce cri qui, sans doute, fut entendu des deux femmes, la lumière s'éteignit, et l'obscurité la plus profonde ensevelit la caverne, noyant dans ses gouffres, pareils à ceux de l'oubli, la réalité de cette scène mystérieuse.

Musaron sentit que son maître lui détachait dans l'ombre un violent coup de pied, qui, par une manœuvre habile exécutée à temps, porta dans la muraille, accompagné de cette énergique apostrophe :

— Animal !

Il comprit ou crut comprendre que c'était en même temps l'ordre de regagner son gîte et le châtiment de son indiscrétion.

Il alla donc s'étendre dans son manteau sur le lit de feuilles préparé par ses soins. Au bout de cinq minutes et lorsqu'il fut bien certain que la lumière ne se rallumerait point, Agénor alla s'étendre près de lui.

Musaron pensa que c'était le moment de se

faire pardonner sa faute à force de perspicacité.

— Voilà ce que c'est, dit-il, répondant tout haut à ce que sans doute Agénor se disait tout bas, elles suivaient sans doute de l'autre côté de la montagne un sentier parallèle au nôtre, et elles auront trouvé sur l'autre versant l'ouverture parallèle à celle-ci, de cette caverne où nous sommes, et qui est fermée au milieu par une roche que le caprice de la nature ou quelque fantaisie des hommes aura placée où elle est comme une gigantesque cloison.

— Animal! se contenta de dire une seconde fois Agénor.

Cependant, comme cette seconde apostrophe fut prononcée d'un ton plus radouci, l'écuyer y vit une amélioration.

— Maintenant, continua-t-il tout en rendant hommage à son tact infaillible, maintenant quelles étaient ces femmes? des bohémiennes sans doute. Ah! oui; mais pourquoi ces parfums, ces baumes, ces pieds nus si blancs, ce visage si beau et cette gorge si magnifique sans doute que nous allions voir, lorsque, imbécile que je suis!...

Musaron se donna un grand soufflet sur une joue.

Agénor ne put s'empêcher de rire. Musaron l'entendit.

— La reine des bohèmes! continua-t-il de plus en plus satisfait de lui-même, ce n'est guère probable, quoique je ne voie guère d'autre explication à cette vision vraiment féerique, que j'ai fait évanouir par ma stupidité... Oh ! animal que je suis !

Et il se donna un second soufflet sur l'autre joue.

Agénor comprit que Musaron, non moins curieux que lui, était atteint d'un repentir véritable, et il se rappela que l'Évangile veut la conversion et non la mort du pécheur.

D'ailleurs, la réparation était suffisante, du moment où Musaron en était arrivé à se donner à lui-même par réflexion la qualification que lui avait donnée son maître par emportement.

— Que pensez-vous de ces deux femmes, vous, monsieur ? hasarda enfin Musaron.

— Je pense, dit Agénor, que ces habits sordides que dépouillait la plus jeune des deux vont mal à la beauté brillante que nous n'avons malheureusement fait qu'entrevoir.

Musaron poussa un profond soupir.

— Et, continua Agénor, que les baumes et les parfums de la boîte allaient plus mal encore à ces sales habits, ce qui fait que je pense...

Agénor s'arrêta.

— Oh ! que pensez-vous, monsieur ? demanda Musaron ; je serais aise, je l'avoue, d'avoir dans cette occurrence l'avis d'un chevalier aussi éclairé que vous.

— Ce qui fait que je pense, continua Agénor, cédant, sans y penser, comme maître Corbeau, à la magie de la louange, que ce sont deux voyageuses, dont l'une est riche et de qualité, se rendant dans quelque ville éloignée, laquelle voyageuse, riche et de qualité, a pris cet ajustement et imaginé cette ruse pour ne pas tenter l'avarice des larrons ou la lubricité des soldats.

— Attendez donc, monsieur, attendez donc, reprit Musaron, reprenant dans la conversation la place qu'il avait l'habitude d'y tenir, ou bien une de ces femmes comme en vendent les bohémiens, et dont ils soignent la beauté, comme les maquignons pansent et parent les chevaux de prix qu'ils mènent de ville en ville.

Décidément Musaron avait, ce soir-là, l'initiative de la pensée et la palme du raisonnement. Aussi Agénor lui rendit-il les armes, donnant à entendre, par son silence, qu'il se reconnaissait pour battu.

Le fait est qu'Agénor, séduit comme doit l'être tout homme de vingt-cinq ans, cût-il un amour au fond du cœur, par la vue d'un joli pied et d'un charmant visage, se renfermait en lui-même, assez mécontent au fond de l'âme. Car l'opinion de l'ingénieux Musaron pouvait avoir du bon, et la belle mystérieuse n'être autre chose qu'une aventurière, courant les champs à la suite d'une troupe de bohémiens, et dansant admirablement, avec ses adorables petits pieds blancs et délicats, la danse des œufs ou la danse de corde.

Une seule chose venait combattre cette probabilité : c'étaient les respects des hommes et de la femme pour l'inconnue ; mais Musaron, dans cette argumentation, dont la logique faisait le désespoir du chevalier, avait rappelé certains exemples de bateleurs fort respectueux pour le singe favori de la troupe, ou pour l'acteur principal gagnant la nourriture de la société.

Le chevalier flotta disgracieusement dans ce vague, jusqu'à ce que le sommeil, ce doux compagnon de la fatigue, vînt lui enlever cette faculté de penser dont il usait sans modération depuis quelques heures.

Vers quatre heures du matin, les premiers rayons du jour vinrent étendre un manteau violet sur les parois de la grotte, et à leur lueur, Musaron se réveilla.

Musaron réveilla son maître.

Agénor ouvrit les yeux, rassembla ses esprits et courut à la fente du rocher.

Mais Musaron secoua la tête, ce qui signifiait qu'il y avait été d'abord.

— Plus personne, murmura-t-il, plus personne!

En effet, il faisait assez jour dans la grotte voisine, exposée aux rayons du soleil levant, pour que l'on distinguât les objets : la grotte était évidemment déserte.

La bohémienne, plus matinale que le chevalier, avait déguerpi avec sa suite; coffret, baumes, parfums, tout avait disparu.

Musaron, toujours préoccupé des choses positives, proposa de déjeuner; mais avant qu'il eût développé les avantages de sa proposition, il avait gagné la crête de la montagne, et de la hauteur où il était perché, comme un oiseau de proie, il pouvait découvrir les sinuosités de la montagne et les bleuâtres étendues de la vallée.

Sur une plate-forme, à trois quarts de lieue à peu près de la hauteur où se trouvait Agénor, on pouvait, avec les yeux de l'oiseau dont il tenait la place, découvrir un âne, sur lequel une personne était montée, tandis que les trois autres cheminaient à pied.

Ces quatre personnes, qui, malgré la distance, se présentèrent à Agénor avec une certaine exactitude, ne pouvaient guère être autres que les quatre bohémiens, qui, regagnant le chemin que les deux voyageurs avaient pris la veille, paraissaient suivre le sentier indiqué à Musaron comme conduisant à Soria.

— Allons, allons, Musaron! cria-t-il, à cheval et piquons! Ce sont nos oiseaux de nuit, voyons un peu leur plumage du jour.

Musaron, qui sentait, au dedans de lui-même, qu'il avait bien des choses à réparer, amena au chevalier son cheval tout sellé, monta sur le sien et suivit en silence Agénor qui mit sa monture au galop.

En une demi-heure tous deux furent à trois cents pas des bohémiens, qu'un bouquet d'arbres leur cachait momentanément.

II

LA REINE DES BOHÈMES.

Deux ou trois fois les bohémiens s'étaient retournés, ce qui prouvait que s'ils avaient été vus des deux voyageurs, ils les avaient vus aussi, ce qui avait amené Musaron à émettre, mais avec une timidité qui n'était pas dans ses habitudes, cette opinion qu'une fois qu'on aurait tourné le petit bouquet d'arbres, on ne verrait plus la petite troupe, attendu qu'elle aurait disparu dans quelque chemin comme d'elle-même.

Musaron n'était pas dans une heureuse veine quant aux suppositions, car, le bouquet d'arbres tourné, on vit les bohémiens qui, en apparence au moins, suivaient tranquillement leur route.

Cependant Agénor remarqua un changement qui s'était opéré : la femme qu'il avait vue de loin à âne, et qu'il ne doutait point être la femme aux pieds blancs et au beau visage, cette femme allait à pied, confondue avec ses compagnons, sans qu'elle offrît rien de plus remarquable qu'eux quant à la tournure et quant à la démarche.

— Holà! cria Agénor, holà! bonnes gens!

Les hommes se retournèrent, et le chevalier remarqua qu'ils portaient la main à leur ceinture, à laquelle pendait un long coutelas.

— Monseigneur, dit Musaron toujours prudent, avez-vous vu?

— Parfaitement, répondit Agénor.

Puis, revenant aux bohémiens :

— Oh! oh! dit-il, ne craignez rien. Je viens avec d'amicales dispositions, et je suis bien aise de vous le dire en passant, mes braves, vos coutelas, s'il en était autrement, seraient de pauvres armes offensives contre ma cuirasse et mon écu, et de pauvres armes défensives contre ma lance et mon épée. Maintenant, ceci posé, où allez-vous, mes maîtres?

L'un des deux hommes fronça le sourcil, et ouvrit la bouche pour répondre quelque dureté; mais l'autre l'arrêta aussitôt, et tout au contraire répondit poliment :

— Est-ce pour que nous vous indiquions votre route, que vous voulez nous suivre, seigneur?

— Assurément, dit Agénor, sans compter le désir que nous avons d'être honorés de votre compagnie.

Musaron fit une grimace des plus significatives.

— Eh bien! seigneur, répondit le bohémien poli, nous allons à Soria.

— Merci, cela tombe à merveille; c'est à Soria aussi que nous allons.

— Malheureusement, dit le bohémien, Vos

Seigneuries vont plus vite que de pauvres piétons.

— J'ai entendu dire, répondit Agénor, que les gens de votre nation pouvaient lutter de rapidité avec les chevaux les plus vifs.

— C'est possible, reprit le bohémien; mais non pas quand ils ont deux vieilles femmes avec eux.

Agénor et Musaron échangèrent un coup d'œil, que Musaron accompagna d'une grimace.

— C'est vrai, dit Agénor, et vous voyagez en pauvre équipage. Comment les femmes qui vous accompagnent peuvent-elles supporter une pareille fatigue?

— Elles y sont accoutumées, señor, et depuis longtemps, car ce sont nos mères; nous autres bohèmes, nous naissons dans la douleur.

— Ah! vos mères! dit Agénor; pauvres femmes!

Un instant le chevalier craignit que la belle bohémienne n'eût pris une autre route; mais presque aussitôt, il réfléchit à cette femme qu'il avait vue montée sur l'âne, et qui n'en était descendue qu'en l'apercevant lui-même. La monture était humble, mais enfin elle suffisait à ménager ces petits pieds délicats et parfumés qu'il avait vus la veille.

Il s'approcha des femmes, elles doublèrent le pas.

— Que l'une de vos mères, dit-il, monte sur l'âne, l'autre montera en croupe derrière moi.

— L'âne est chargé de nos hardes, dit le bohé

mien, et il en a bien assez comme cela. Quant à votre cheval, señor, Votre Excellence veut rire sans doute, car c'est une trop noble et trop fringante monture pour une pauvre vieille bohémienne.

Agénor détaillait pendant ce temps les deux femmes, et aux pieds délurés de l'une d'elles, il reconnut la chaussure de peau de daim qu'il avait remarquée la veille.

— C'est elle! murmura-t-il, certain, cette fois, de ne plus se tromper. Allons, allons, la bonne mère au voile bleu, acceptez l'offre que je vous fais : montez en croupe derrière moi ; et si votre âne porte un poids suffisant, eh bien! votre compagne montera derrière mon écuyer.

— Merci, señor, répondit la bohémienne avec une voix dont l'harmonie fit disparaître les derniers doutes qui pouvaient rester dans l'esprit du chevalier.

— En vérité, dit Agénor avec un accent d'ironie qui fit tressaillir les deux femmes et remonter jusqu'aux couteaux les mains des deux hommes, en vérité, voilà une douce voix pour une vieille.

— Señor!... dit d'une voix pleine de courroux le bohémien qui n'avait pas encore parlé.

— Oh! ne nous fâchons pas, continua Agénor avec calme. Si je devine à sa voix que votre compagne est jeune, et si devinant à sa voix qu'elle est jeune, je devine à l'épaisseur de son voile qu'elle est belle, il n'y a point là de quoi jouer des couteaux.

Les deux hommes firent un pas en avant comme pour protéger leur compagne.

—Arrêtez! dit impérieusement la jeune femme.

Les deux hommes s'arrêtèrent.

— Vous avez raison, señor, dit-elle. Je suis jeune et, qui sait. peut-être même suis-je belle... Mais en quoi cela vous intéresse-t-il? je vous le demande! et pourquoi me gêneriez-vous dans mon voyage parce que j'aurais vingt ou vingt-cinq ans de moins que je ne parais?

Agénor, en effet, était resté immobile aux accents de cette voix qui révélait la femme supérieure et habituée au commandement. Ainsi l'éducation et le caractère de l'inconnue étaient en harmonie avec sa beauté.

— Señora, balbutia le jeune homme. vous ne vous êtes point trompée ; je suis chevalier.

— Vous êtes chevalier, soit; mais moi je ne suis pas une señora, je suis une pauvre bohémienne ; un peu moins laide peut-être que les femmes de ma condition.

Agénor fit un geste d'incrédulité.

— Avez-vous vu parfois les femmes de seigneurs voyager à pied? demanda l'inconnue.

— Oh! ceci est une mauvaise raison, répondit Agénor, car il n'y a qu'un instant vous étiez sur l'âne.

— D'accord, répondit la jeune femme; mais au moins vous avouerez que mes habits ne sont pas ceux d'une dame de qualité.

— Les dames de qualité se déguisent parfois, madame, lorsque les femmes de qualité ont intérêt à être prises pour des femmes du peuple.

— Croyez-vous, dit la bohémienne, qu'une femme de qualité habituée à la soie et au velours consente à enfermer ses pieds dans une pareille chaussure?

Et elle montrait son brodequin de peau de daim.

— Toute chaussure se détache le soir; et le pied délicat fatigué par la marche du jour se délasse en se parfumant.

Si la voyageuse eût eu son voile levé, Agénor eût pu voir le sang lui monter au visage et le feu de ses yeux resplendir dans un cercle de pourpre.

— Des parfums, murmura-t-elle en regardant sa compagne avec inquiétude, tandis que Musaron, qui n'avait pas perdu un mot du dialogue, souriait sournoisement.

Agénor n'essaya point de la troubler davantage.

— Madame, dit-il, un parfum très-doux s'exhale de votre personne; c'est cela que j'ai voulu dire et pas autre chose.

— Merci du compliment, seigneur chevalier. Mais puisque c'est là ce que vous vouliez me dire et pas autre chose, vous devez être satisfait me l'ayant dit.

— Cela signifie que vous m'ordonnez de me retirer, n'est-ce pas, madame?

— Cela veut dire que je vous reconnais pour un Français, à votre accent, seigneur, et surtout à vos propos. Or, il est dangereux de voyager avec les Français, quand on n'est qu'une pauvre jeune femme très-sensible aux courtoisies.

— Ainsi donc, vous insistez pour que je me sépare de vous?

— Oui, seigneur, à mon grand regret, mais j'insiste.

Les deux serviteurs, à cette réponse de leur maîtresse, parurent prêts à soutenir cette insistance.

— J'obéirai, señora, dit Agénor; non pas, croyez-le bien, à cause de l'air menaçant de vos deux compagnons, que je voudrais rencontrer en moins bonne compagnie que la vôtre pour leur apprendre à toucher trop souvent à leurs couteaux, mais à cause de l'obscurité dont vous vous entourez, et qui sert sans doute quelque projet que je ne veux point contrarier.

— Vous ne contrariez aucun projet, ni ne risquez d'éclairer aucune obscurité, je vous jure, dit la voyageuse.

— Il suffit, madame, dit Agénor; d'ailleurs, ajouta-t-il un peu piqué du peu d'effet produit par sa bonne mine, d'ailleurs, la lenteur de votre marche m'empêcherait d'arriver aussi vite qu'il est urgent pour moi de le faire à la cour du roi don Pèdre.

— Ah! vous vous rendez près du roi don Pèdre? s'écria vivement la jeune femme.

— De ce pas, señora, et je prends congé de vous en souhaitant toutes sortes de prospérités à votre aimable personne.

La jeune femme parut prendre une résolution subite et releva son voile.

Ce grossier encadrement faisait, s'il était possible, ressortir encore la beauté de son visage et l'élégance de ses traits; elle avait le regard caressant et la bouche riante.

Agénor arrêta son cheval qui avait déjà fait un pas en avant.

— Allons, seigneur, dit-elle, on voit bien que vous êtes un délicat et discret chevalier; car vous avez deviné qui je suis peut-être, et cependant vous ne m'avez point persécutée, comme un autre eût fait à votre place.

— Je n'ai point deviné qui vous êtes, madame; mais j'ai deviné qui vous n'étiez pas.

— Eh bien! seigneur chevalier, puisque vous êtes si courtois, dit la belle voyageuse, je vais vous raconter toute la vérité.

A ces mots les deux serviteurs s'entre-regardèrent avec étonnement; mais souriant toujours, la fausse bohémienne continua :

— Je suis la femme d'un officier du roi don Pèdre; et séparée depuis près d'un an de mon mari, qui a suivi le prince en France, j'essaye de le joindre à Soria; or, vous savez que la campagne est tenue par les soldats des deux partis, et je deviendrais une proie importante pour les gens du prétendant; aussi ai-je pris ce déguisement pour leur échapper, jusqu'à ce que j'aie rejoint mon mari, et que, l'ayant rejoint, mon mari me puisse défendre.

—A la bonne heure, fit Agénor convaincu cette

fois de la véracité de la jeune femme. Eh bien! señora, je vous eusse offert mes services, sans l'exigence de ma mission qui me commande la plus grande célérité.

— Ecoutez, monsieur, dit la belle voyageuse; maintenant que vous savez qui je suis et moi qui vous êtes, j'irai aussi vite que vous le voudrez, si vous voulez me permettre de me placer sous votre protection et de voyager avec votre escorte.

— Ah! ah! dit Agénor, vous avez donc changé d'avis, madame?

— Oui, señor. J'ai réfléchi que je pourrais faire rencontre de gens aussi perspicaces, mais moins courtois que vous.

— Alors, madame, comment ferons-nous? A moins que vous n'acceptiez ma première proposition.

— Oh! ne jugez pas ma monture sur sa mine; tout humble qu'il est, mon âne est de race comme votre cheval; il sort des écuries du roi don Pèdre, et pourrait soutenir la comparaison avec le plus vite coursier.

— Mais vos gens, madame?

— Votre écuyer ne peut-il prendre en croupe ma nourrice? mes gens nous suivront à pied.

— Ce qui vaudrait mieux, madame, c'est que vous laissassiez votre âne à vos deux serviteurs, qui s'en serviraient tour à tour, que votre nourrice montât derrière mon écuyer, comme vous dites, et vous derrière moi, comme je vous le propose; de cette façon nous ferions une troupe respectable.

— Eh bien! ce sera comme vous voudrez, dit la dame.

Et presque aussitôt, en effet, avec la légèreté d'un oiseau, la belle voyageuse s'élança sur la croupe du cheval d'Agénor.

Les deux hommes placèrent à son tour la nourrice derrière Musaron, qui ne riait plus.

Un des deux hommes monta sur l'âne, l'autre le prit par la croupière, dont il se fit un appui, et toute la troupe partit au grand trot.

III

COMMENT AGENOR ET LA VOYAGEUSE INCONNUE FIRENT ROUTE ENSEMBLE, ET DES CHOSES QU'ILS SE DIRENT PENDANT LE VOYAGE.

Il est bien difficile à deux êtres jeunes, beaux, spirituels, qui se tiennent embrassés et qui partagent sur la même monture les soubresauts et les inégalités de la route, il est bien difficile, disons-nous, de ne pas entrer promptement en intimité.

La jeune femme commença par des questions; elle en avait le droit en sa qualité de femme.

— Ainsi, seigneur chevalier, dit-elle, j'avais deviné juste, et vous êtes Français.

— Oui, madame.

— Et vous allez à Soria?

— Oh! cela, vous ne l'avez point deviné, je vous l'ai dit.

— Soit... Offrir vos services au roi don Pèdre, sans doute?

Agénor réfléchit, avant de répondre catégoriquement à cette question, qu'il conduisait cette femme jusqu'à Soria, qu'il verrait le roi avant elle, et qu'il n'avait point par conséquent à redouter d'indiscrétion; d'ailleurs, il avait bien des choses à dire avant que de dire la vérité.

— Madame, dit-il, cette fois, vous vous trompez; je ne vais point offrir mes services au roi don Pèdre, attendu que j'appartiens au roi Henri de Transtamare, ou plutôt au connétable Bertrand du Guesclin, et je vais porter au roi vaincu des propositions de paix.

— Au roi vaincu! s'écria la jeune femme avec un accent altier, qu'elle réprima aussitôt et modifia en surprise.

— Sans doute, vaincu, répondit Agénor, puisque son compétiteur est couronné roi à sa place.

— Ah! c'est vrai, dit négligemment la jeune femme; ainsi, vous allez porter au roi vaincu des paroles de paix?

— Qu'il fera bien d'accepter, reprit Agénor; car sa cause est perdue.

— Vous croyez?

— J'en suis sûr.

— Pourquoi cela?

— Parce que, mal entouré et surtout mal conscillé comme il est, c'est impossible qu'il résiste.

— Mal entouré ?...

— Sans doute : sujets, amis, maîtresse, tout le monde le trahit, le pille, ou le pousse au mal.

— Ainsi ses sujets?...

— L'abandonnent.

— Ses amis?...

— Le pillent.

— Et sa maîtresse?... dit avec hésitation la jeune femme.

— Sa maîtresse le pousse au mal, répondit Agénor.

La jeune femme fronça le sourcil, et quelque chose comme un nuage passa sur son front.

— Vous voulez sans doute parler de la Moresque? demanda-t-elle.

— De quelle Moresque?

— De la nouvelle passion du roi.

— Plaît-il? demanda Agénor, le regard étincelant à son tour.

— N'avez-vous donc pas entendu dire, demanda la jeune femme, que le roi don Pèdre est follement amoureux de la fille du More Mothril?

— D'Aïssa! s'écria le chevalier.

— Vous la connaissez? dit la jeune femme.

— Sans doute.

— Comment ignorez-vous alors que le mécréant infâme est en train de la pousser dans le lit du roi?

— Un moment! s'écria le chevalier en se retournant pâle comme la mort vers sa compagne ; un instant! ne parlez point ainsi d'Aïssa, si vous ne voulez point que notre amitié meure avant d'être née.

— Mais comment voulez-vous que je parle autrement, señor, puisque je dis la vérité ? Cette Moresque est ou va devenir la maîtresse avouée du roi, puisqu'il l'accompagne partout, puisqu'il marche à la portière de sa litière, puisqu'il lui donne des concerts, des fêtes, et amène la cour chez elle.

— Vous savez cela? dit Agénor tout tremblant, car il se rappelait le rapport fait par l'alcade à Musaron; c'est donc vrai ce voyage de don Pèdre aux côtés d'Aïssa ?

— Je sais bien des choses, seigneur chevalier, dit la belle voyageuse, car nous autres gens de la maison du roi, nous apprenons vite les nouvelles.

— Oh! madame, madame, vous me percez le cœur, dit tristement Agénor, en qui la jeunesse déployait toute sa fleur, qui se compose des deux substances les plus délicates de l'âme, la crédulité pour entendre, la naïveté pour parler.

— Moi, je vous perce le cœur! demanda la voyageuse avec étonnement. Est-ce que par hasard vous connaissez cette femme?

— Hélas! je l'aime éperdument, madame! dit le chevalier au désespoir.

La jeune femme fit un geste de compassion.

— Mais elle, reprit-elle, elle ne vous aime donc pas?

— Elle disait m'aimer. Oh! il faut que ce traître Mothril ait usé vis-à-vis d'elle de force ou de magie!

— C'est un grand scélérat, dit froidement la jeune femme, qui a déjà fait beaucoup de mal au roi. Mais dans quel but croyez-vous qu'il agisse?

— C'est bien simple : il veut supplanter doña Maria Padilla.

— Ainsi, à vous aussi, c'est votre avis?

— Assurément, madame.

— Mais, reprit la voyageuse, on dit doña Maria très-éprise du roi; croyez-vous qu'elle souffre que don Pèdre la délaisse ainsi?

— Elle est femme, elle est faible, elle succombera, comme a succombé doña Bianca ; seulement, la mort de l'une fut un meurtre, la mort de l'autre sera une expiation.

— Une expiation!... Ainsi, selon vous, Maria Padilla a donc quelque chose à expier?

— Je ne parle pas selon moi, madame; je parle selon le monde.

— Ainsi, à votre avis, on ne plaindra pas Maria Padilla comme on a plaint Blanche de Bourbon?

— Assurément non ; quoique, lorsqu'elles seront mortes toutes deux, il est probable que la maîtresse aura été aussi malheureuse que l'épouse.

— Alors, vous la plaindrez, vous?

— Oui, quoique moins que personne je doive la plaindre.

— Et pourquoi cela? demanda la jeune femme, en fixant sur Agénor ses grands yeux noirs dilatés.

— Parce que c'est elle qui, dit-on, a conseillé au roi l'assassinat de don Frédéric, et que don Frédéric était mon ami.

— Seriez-vous par hasard, demanda la jeune femme, le chevalier franc à qui don Frédéric a donné rendez-vous?

— Oui, et à qui le chien a apporté la tête de son maître.

— Chevalier! chevalier! s'écria la jeune femme en saisissant le poignet d'Agénor, écoutez bien ceci : sur le salut de son âme, sur la part que Maria Padilla espère dans le paradis, ce n'est pas elle qui a donné le conseil, c'est Mothril!...

— Mais elle a su que le meurtre devait avoir lieu, et elle ne s'y est point opposée.

La voyageuse se tut.

— C'en est assez pour que Dieu la punisse, dit Agénor, ou plutôt elle sera punie par don Pèdre lui-même. Qui sait si ce n'est point parce que le sang de son frère a passé entre lui et cette femme, qu'il l'aime déjà moins?

— Peut-être avez-vous raison, dit l'inconnue d'une voix sonore; mais patience, patience!

— Vous paraissez haïr Mothril, madame?

— Mortellement.

— Que vous a-t-il fait?

— Il m'a fait ce qu'il a fait à tout Espagnol; il a éloigné le roi de son peuple.

— Les femmes vouent rarement à un homme, pour une cause politique, une haine pareille à celle que vous paraissez avoir vouée à Mothril.

— C'est que moi aussi j'ai personnellement à m'en plaindre : depuis un mois il m'empêche d'aller retrouver mon mari.

— Comment cela ?

— Il a établi autour du roi don Pèdre une telle surveillance, que nul message ou nul messager n'arrive jusqu'à lui ni jusqu'à ceux qui le servent ; ainsi, j'ai dépêché à mon mari deux émissaires qui ne sont pas revenus ; de sorte que j'ignore si je pourrai entrer à Soria, et si vous-même...

— Oh ! moi, j'entrerai ; car je viens en ambassadeur.

La jeune femme secoua ironiquement la tête.

— Vous entrerez s'il le veut, dit-elle d'une voix rauque qu'enflammait une forte émotion intérieure.

Agénor étendit la main et montra l'anneau que lui avait donné Henri de Transtamare.

— Voici mon talisman, dit-il.

C'était une bague d'émeraude dont la pierre était retenue par deux E entrelacés.

— Oui, en effet, dit la jeune femme, peut-être parviendrez-vous à forcer les gardes.

— Si je parviens à forcer les gardes, vous y parviendrez aussi, car vous êtes de ma suite et l'on vous respectera.

— Vous me promettez donc que, si vous entrez, j'entrerai avec vous ?

— Je vous le jure, foi de chevalier !

— Eh bien ! moi je vous adjure, en échange de ce serment, de me dire ce qui peut le plus vous agréer en ce moment.

— Hélas ! ce que je désire le plus, vous ne pouvez me l'accorder.

— Dites toujours, qu'importe?

— Je voudrais revoir Aïssa et lui parler.

— Si j'entre dans la ville, vous la verrez et vous lui parlerez.

— Merci ; oh ! je vous serai bien reconnaissant !

— Qui vous dit que ce n'est pas encore pour moi que vous aurez fait le plus?

— Cependant, c'est la vie que vous me rendez.

— Et vous, vous m'aurez rendu plus que la vie, dit la jeune femme avec un singulier sourire.

Comme, en achevant cet échange d'aveux et en ratifiant ce traité d'alliance, on arrivait au village où l'on devait s'arrêter, la belle voyageuse sauta lestement à bas du cheval d'Agénor ; et, comme on eût peut-être trouvé singulière cette compagnie de chrétiens et de bohèmes, il fut convenu qu'on se rejoindrait le lendemain sur la route, à une lieue à peu près du village.

IV

LE VARLET.

Le lendemain, quoique le chevalier fût bien matinal, ce fut cependant lui qui, à une lieue du village, trouva les bohémiens déjeunant près d'une fontaine, à la distance convenue de l'endroit qu'il venait de quitter.

On procéda aux mêmes arrangements que la veille, et l'on se remit en marche dans le même ordre.

La journée se passa en conversations auxquelles Musaron et la nourrice prirent une part active ; cependant, malgré tout ce que peuvent contenir de gracieux et de varié les entretiens de ces deux importants personnages, nous nous abstiendrons de les rapporter, Musaron, malgré son adresse, n'ayant réussi à savoir de la vieille femme que ce que la jeune avait dit la veille.

Enfin on arriva en vue de Soria.

C'était une ville de second ordre ; mais, à cette époque belliqueuse, les villes de second ordre elles-mêmes étaient entourées de murailles.

— Madame, dit Agénor, voici la ville ; si vous pensez que le More veille comme vous me l'avez dit, ne croyez pas qu'il se borne à des visites aux portes et aux créneaux, il doit y avoir des reconnaissances dans la plaine. Je vous engage donc dès à présent à prendre vos précautions.

— J'y songeais, dit la jeune femme en regardant autour d'elle comme pour prendre connaissance des localités, et si vous voulez bien pousser en avant avec votre écuyer, de façon pourtant à ne point aller vite, mes précautions seront prises avant qu'il ne soit un quart d'heure.

Agénor obéit. La jeune femme descendit, emmenant sa nourrice dans l'épaisseur d'un taillis, tandis que les deux hommes gardaient la route.

— Allons, allons, ne tournez point la tête ainsi, seigneur écuyer, et imitez la discrétion de votre maître, dit la nourrice à Musaron, lequel ressemblait à ces damnés de Dante, dont la tête disloquée regarde en arrière tandis qu'ils vont en avant.

Mais, malgré l'invitation, Musaron ne put prendre sur lui de tourner les yeux d'un autre côté, tant sa curiosité était invinciblement éveillée.

C'est qu'en effet il avait vu les deux femmes disparaître, comme nous l'avons dit, dans un massif de châtaigniers et d'yeuses.

— Décidément, monsieur, dit-il à Agénor lorsqu'il fut bien convaincu que ses yeux ne pouvaient percer le voile de verdure dont venaient de s'envelopper les deux femmes; décidément, j'ai bien peur qu'au lieu d'être de grandes dames, comme nous le supposions d'abord, nos compagnes ne soient que des bohémiennes.

Malheureusement pour Musaron, ce n'était plus l'avis de son maître.

— Vous êtes un bavard enhardi par ma complaisance, dit Agénor ; taisez-vous.

Musaron se tut.

Après quelques minutes d'un pas si lent qu'ils firent à peine un demi-quart de lieue, ils entendirent un cri aigre et prolongé; c'était la nourrice qui appelait.

Ils se retournèrent et virent venir à eux un jeune homme vêtu à la mode espagnole et portant sur l'épaule gauche le petit manteau de varlet des chevaux ; il faisait des signes avec son chapeau pour qu'on l'attendît.

Au bout d'un instant il fut près d'eux.

— Seigneur, me voici, dit-il à Agénor, lequel fort surpris reconnut sa compagne de voyage ; ses cheveux noirs étaient cachés sous une perruque blonde, ses épaules élargies sous le manteau paraissaient appartenir à un jeune garçon plein de santé, sa démarche était hardie, son teint même semblait plus brun depuis que ses cheveux avaient changé de couleur.

— Vous voyez que mes précautions sont prises, continua le jeune homme, et votre varlet pourra, je le pense, entrer sans difficulté dans la ville avec vous.

Et il sauta, avec la légèreté qu'Agénor lui connaissait déjà, derrière Musaron.

— Mais votre nourrice? demanda le jeune homme.

— Elle restera au village voisin, avec mes deux écuyers, jusqu'à ce que le moment soit venu de les appeler près de moi.

— Alors tout est bien ; entrons en ville.

Musaron et le varlet précédèrent leur maître, qui se dirigea droit vers la principale porte de Soria, que l'on apercevait par delà une avenue de vieux arbres.

Mais ils n'étaient pas arrivés aux deux tiers de cette avenue, qu'ils furent enveloppés par une troupe de Mores, envoyés contre eux par les sentinelles des remparts qui les avaient aperçus.

On interrogea Agénor sur le but de son voyage.

A peine eut-il déclaré que ce but était d'avoir un entretien avec don Pèdre, que la troupe les enferma et les conduisit au gouverneur de la porte, officier choisi par Mothril lui-même.

— Je viens, dit Agénor, interrogé de nouveau, de la part du connétable Bertrand Duguesclin pour conférer avec votre prince.

A ce nom, que toute l'Espagne avait appris à respecter, l'officier parut inquiet.

— Et quels sont ceux qui vous accompagnent? demanda-t-il.

— Vous voyez bien, mon écuyer et mon varlet.

— C'est bien, demeurez ici, je référerai de votre demande au seigneur Mothril.

— Faites ce que vous voudrez, dit Agénor ; mais je vous préviens que ce n'est ni au seigneur Mothril, ni à tout autre que le roi don Pèdre que je parlerai d'abord ; seulement, prenez garde de poursuivre plus longtemps un interrogatoire dont je m'offenserai.

L'officier s'inclina.

— Vous êtes chevalier, dit-il, et en cette qualité vous devez savoir que la consigne d'un chef est inexorable ; je dois donc exécuter ce qui m'est prescrit.

Puis se retournant :

— Qu'on aille prévenir Son Altesse le premier ministre, dit-il, qu'un étranger demande à parler au roi de la part du connétable Duguesclin.

Agénor tourna les yeux vers son varlet, qu'il trouva fort pâle et qui paraissait fort inquiet. Musaron, plus habitué aux aventures, ne tremblait pas pour si peu.

— Compagnon, dit-il à la jeune femme, voici comment vos précautions vont réussir : vous serez reconnu malgré votre déguisement, et nous serons tous pendus comme vos complices ; mais qu'importe, si cela convient à mon maître !

L'inconnue sourit ; un moment lui avait suffi pour reprendre sa présence d'esprit, ce qui prouvait qu'elle non plus n'était pas tout à fait étrangère aux dangers.

Elle s'assit donc à quelques pas d'Agénor et parut parfaitement indifférente à ce qui allait se passer.

Les voyageurs, après avoir traversé deux ou trois pièces pleines de gardes et de soldats, se trouvèrent en ce moment dans un de ces corps de garde pris dans l'épaisseur d'une tour ; une seule porte y conduisait.

Tous les yeux étaient fixés sur cette porte par laquelle, d'un moment à l'autre, on s'attendait à voir entrer Mothril.

Agénor continua de causer avec l'officier ; Musaron lia conversation avec quelques Espagnols qui lui parlaient du connétable et de leurs amis au service de don Henri de Transtamare.

Le varlet fut aussi accaparé par les pages du gouverneur, qui l'emmenaient et le ramenaient comme un enfant sans conséquence.

On ne surveillait avec un soin réel que Mauléon : encore, par sa courtoisie, avait-il rassuré tout à fait l'officier ; d'ailleurs que pouvait un seul homme contre deux cents ?

L'officier espagnol offrit à l'officier français des fruits et du vin ; pour le servir, les gens du gouverneur traversèrent la haie des gardes.

— Mon maître est habitué à ne rien prendre que de ma main, dit le jeune varlet.

Et il escorta les pages jusqu'aux appartements.

En ce moment on entendit la sentinelle appeler aux armes, et le cri : « Mothril ! Mothril ! » retentit jusqu'au fond du corps de garde.

Chacun se leva.

Agénor sentit comme un frisson courir dans es veines. Il baissa sa visière, et à travers le rillage de fer, il chercha des yeux le jeune arlet pour le rassurer ; il n'était plus là.

— Où est donc notre voyageuse? demanda tout bas Agénor à Musaron.

Celui-ci répondit en français avec le plus grand calme :

— Seigneur, elle vous remercie beaucoup du service que vous lui avez rendu de la faire entrer dans Soria ; elle m'a chargé de vous dire qu'elle en était on ne peut plus reconnaissante, et que vous vous en apercevriez bientôt.

— Que dis-tu là? fit Agénor étonné.

— Ce qu'elle m'a chargé de vous dire en partant.

— En partant!

— Ma foi oui, dit Musaron ; elle est partie ; une anguille glisse moins vivement par les mailles du filet qu'elle n'a passé à travers les gardes du poste. J'ai vu de loin la plume blanche de sa toque fuir dans l'ombre ; puis comme je n'ai rien revu depuis, je présume qu'elle est sauvée.

— Dieu soit loué ! dit Agénor, mais tais-toi.

En effet, dans les chambres voisines retentissaient les pas d'un grand nombre de cavaliers.

Mothril entra précipitamment.

— Qu'y a-t-il? demanda le More en promenant autour de lui un clair et pénétrant regard.

— Ce chevalier, dit l'officier, envoyé par messire Bertrand Duguesclin, connétable de France, veut parler au roi don Pèdre.

Mothril s'approcha d'Agénor qui, la visière baissée, semblait une statue de fer.

— Ceci, dit Agénor tirant son gantelet et montrant la bague d'émeraude que lui avait

emise le prince comme signe de reconnaissance.
— Qu'est-ce que ceci? demanda Mothril
— Une bague d'émeraude qui vient de doña Éléonore, mère du prince.

Mothril s'inclina.
— Que voulez-vous, alors?
— Je le dirai au roi.
— Vous désirez voir Son Altesse ?
— Je le veux.
— Vous parlez haut, chevalier.
— Je parle au nom de mon maître le roi don Henri de Transtamare.
— Alors, vous attendrez dans cette forteresse.
— J'attendrai. Mais je vous préviens que je n'attendrai pas longtemps.

Mothril sourit avec ironie.
— Soit, seigneur chevalier, dit-il, attendez donc.

Et il sortit après avoir salué Agénor, dont les yeux sortaient comme des rayons de flammes à travers le treillage de fer de son casque.
— Bonne garde, dit tout bas Mothril à l'officier, ce sont des prisonniers importants et dont vous me répondez.
— Qu'en ferai-je?
— Je vous le dirai demain; en attendant, qu'il ne communique avec personne, entendez-vous?

L'officier salua.
— Décidément, dit Musaron avec le plus grand calme, je crois que nous sommes per-

dus, et que cette boite de pierres nous servira de cercueil.

— Quelle magnifique occasion j'avais d'étrangler le mécréant! s'écria Agénor; si je n'avais été ambassadeur, murmura-t-il.

— Inconvénient des grandeurs, dit philosophiquement Musaron.

V

LA BRANCHE D'ORANGER.

Agénor et son écuyer passèrent, dans la prison provisoire où ils étaient enfermés, une nuit très-mauvaise; l'officier, obéissant aux ordres de Mothril, n'avait point reparu.

Mothril comptait revenir le lendemain matin; prévenu au moment où il allait accompagner le roi don Pèdre à une fête de taureaux, il avait toute la nuit pour songer à ce qu'il avait à faire; puis, si rien n'était arrêté dans son esprit, un second interrogatoire déciderait du sort de l'ambassadeur et de son écuyer.

Il était possible encore que l'envoyé du connétable fût autorisé par Mothril à parvenir jusqu'à don Pèdre; mais, dans ce cas, c'est que Mothril, par un moyen quelconque, aurait pénétré le but de sa mission.

Le grand secret des improvisateurs en politique est en général de savoir d'avance les matières sur lesquelles ils auront à improviser.

En quittant les deux prisonniers, Mothril prit donc le chemin de l'amphithéâtre où, comme nous l'avons dit, le roi don Pèdre donnait à sa cour le spectacle d'une course de taureaux. Ce spectacle, que les rois donnaient ordinairement de jour, avait lieu la nuit, ce qui doublait sa magnificence ; trois mille flambeaux de cire parfumée éclairaient l'arène.

Aïssa, assise à la droite du roi et entourée de courtisans, qui adoraient en elle le nouvel astre en faveur, Aïssa regardait sans voir et écoutait sans entendre.

Le roi, sombre et préoccupé, interrogeait le visage de la jeune fille, pour y lire cette espérance que lui donnait sans cesse l'immuable pâleur de ce front si pur et la fixité monotone de ces yeux aux flammes voilées.

Quant à don Pèdre, quant au cœur indomptable, quant à ce tempérament fougueux, il ressemblait au coursier contenu par le mors, et dont l'impatience éclate en tressaillements dont les spectateurs cherchent en vain la cause.

Puis tout à coup son front s'obscurcissait.

C'est que, tout en contemplant la jeune fille aux traits glacés, il songeait à l'ardente maîtresse qu'il avait laissée à Séville ; à cette Maria Padilla, que Mothril lui disait infidèle et changeante comme la fortune, et qui par son silence donnait raison aux suppositions de Mothril ; il y avait une double souffrance dans cette froideur présente d'Aïssa, et dans cet amour passé de doña Maria.

Alors en songeant à cette femme, pour laquelle il avait eu une adoration telle, qu'on attribuait cette adoration à la magie, un soupir amer s'exhalait de sa poitrine et faisait courber comme un souffle d'orage tous les fronts des courtisans attentifs.

Ce fut dans un de ces moments que Mothril entra dans la loge royale et s'assura par un coup d'œil investigateur de la situation des esprits.

Il comprit la tempête qui grondait dans le cœur de don Pèdre, il devina que la froideur d'Aïssa en était la cause, et il adressa un regard de menace et de haine à la jeune fille qui demeura parfaitement calme, quoiqu'elle eût parfaitement compris.

— Ah! te voilà, Mothril, dit le roi; tu arrives mal, je m'ennuie.

L'intonation avec laquelle ces mots avaient été prononcés leur donnait presque la sonorité farouche du rugissement.

— J'apporte des nouvelles à Votre Altesse, dit Mothril.

— Importantes?

— Sans doute; dérangerais-je mon roi pour des bagatelles?

— Parle, alors.

Le ministre se pencha à l'oreille de don Pèdre.

— Il s'agit, dit-il, d'une ambassade que vous enverraient les Français.

— Voyez donc, Mothril, dit le roi sans paraître avoir entendu ce que disait le More ; voyez donc comme Aïssa se déplaît à la cour. En vérité, je crois que vous feriez bien de renvoyer cette jeune femme dans son pays d'Afrique, qu'elle regrette si fort.

— Votre Altesse se trompe, dit Mothril ; Aïssa est née à Grenade, et, ne connaissant pas son pays, qu'elle n'a jamais vu, elle ne peut le regretter.

— Regrette-t-elle donc quelque autre chose ? demanda don Pèdre en pâlissant.

— Je ne le crois pas.

— Mais alors, si l'on ne regrette rien, l'on se conduit autrement qu'elle ne le fait ; on parle, on rit, on vit à seize ans ; en vérité elle est morte cette jeune fille.

— Rien n'est grave, vous le savez, sire, rien n'est chaste et réservé comme une jeune fille d'Orient ; car je vous l'ai dit, quoique née à Grenade, elle est du plus pur sang du prophète ; Aïssa porte sur le front une rude couronne, c'est celle du malheur ; elle ne peut donc avoir ce sourire dégagé, cette verbeuse hilarité des femmes d'Espagne ; n'ayant jamais entendu ni rire, ni parler, elle ne peut faire ce que font les Espagnoles, c'est-à-dire renvoyer l'écho d'un bruit qu'elle ne connaît pas.

Don Pèdre se mordit les lèvres et fixa son œil ardent sur Aïssa.

— Un jour ne change pas une femme, continua Mothril, et celles qui gardent longtemps leur dignité, gardent longtemps leur affection. Doña Maria s'est presque offerte à vous, aussi doña Maria vous a oublié.

Au moment où Mothril prononçait ces paroles, une branche de fleurs d'oranger, lancée des galeries supérieures, tomba sur les genoux de don Pèdre avec l'aplomb d'une flèche qui touche son but.

Les courtisans crièrent à l'insolence; quelques-uns se penchèrent en avant pour voir d'où venait l'envoi.

Don Pèdre ramassa le rameau; un billet y était attaché. Mothril fit un mouvement pour s'en emparer; mais don Pèdre étendit la main.

— C'est à moi et non à vous que ce billet est adressé.

Et il déplia le billet.

A la seule vue de l'écriture, il jeta un cri; aux premières lignes qu'il lut, son visage s'éclaira.

Mothril suivait avec anxiété les effets de cette lecture.

Tout à coup don Pèdre se leva.

Les courtisans se levèrent prêts à accompagner le roi.

— Restez, dit don Pèdre; le spectacle n'est pas fini; je désire que vous restiez.

Mothril, ne sachant que penser de cet événement inattendu, fit un pas pour suivre son maître.

— Restez ! dit le roi, je le veux.

Mothril, rentré dans la loge, se perdit avec les courtisans en conjectures sur cet événement si étrange.

Il fit chercher de tout côté l'auteur du téméraire envoi ; mais les recherches furent inutiles.

Cent femmes avaient à la main des rameaux d'oranger et de fleurs ; nul ne put donc lui dire d'où partait ce billet.

En rentrant au palais, Mothril interrogea la jeune Arabe ; mais Aïssa n'avait rien vu, rien remarqué.

Il essaya de pénétrer chez don Pèdre ; la porte était fermée pour tout le monde.

Le More passa une nuit terrible : pour la première fois, un événement de haute importance échappait à sa sagacité ; sans pouvoir appuyer cette crainte sur aucune probabilité, ses pressentiments lui disaient que son influence venait de recevoir une rude atteinte.

Mothril n'avait point encore fermé l'œil, quand don Pèdre le fit appeler ; il fut introduit dans les appartements les plus reculés du palais.

Don Pèdre sortit de sa chambre pour venir au-devant du ministre, et en sortant il ferma la portière avec soin.

Le roi était plus pâle que d'habitude, mais ce n'était point le chagrin qui lui donnait cette apparence de fatigue ; au contraire, un sourire d'intime satisfaction errait sur ses lèvres, et il y avait quelque chose de plus doux et de plus joyeux que d'habitude dans son regard.

Il s'assit en faisant un signe de tête amical à Mothril, et cependant le More crut remarquer sur son visage une fermeté étrangère à ses relations avec lui.

— Mothril, dit-il, vous m'avez parlé hier d'une ambassade envoyée par les Français?

— Oui, monseigneur, dit le More, mais comme vous ne m'avez pas répondu, je n'ai pas cru devoir insister.

— D'ailleurs, vous n'étiez pas pressé de m'avouer, n'est-ce pas, reprit don Pèdre, que vous les aviez fait enfermer cette nuit dans la tour de la Porte Passe?

Mothril frissonna.

— Comment savez-vous, seigneur?... murmura-t-il.

— Je sais, voilà tout, et c'est l'important. Quels sont ces étrangers?

— Des Francs, à ce que je pense.

— Et pourquoi les enfermez-vous, puisqu'ils se disent ambassadeurs?

— Ils se disent, c'est le mot, reprit Mothril, à qui un instant avait suffi pour reprendre son sang-froid.

— Et vous, vous dites le contraire, n'est-ce pas?

— Pas précisément, sire, car j'ignore si en effet...

— Dans le doute, vous ne deviez pas les arrêter.

— Alors, Votre Altesse ordonne...?

— Qu'on me les amène ici à l'instant même.

Le More recula.

— Mais il est impossible, dit-il.

— Par le sang de Notre Seigneur! leur serait-il arrivé quelque chose? demanda don Pèdre.

— Non, seigneur.

— Alors hâtez-vous de réparer votre faute, car vous avez violé le droit des gens.

Mothril sourit. Il savait le respect que le roi don Pèdre avait, dans ses haines, pour ce droit des gens qu'il invoquait à cette heure.

— Je ne permettrai pas, dit-il, que mon roi se livre sans défense au danger qui le menace.

— Ne craignez rien pour moi, Mothril, dit don Pèdre frappant du pied, craignez pour vous!

— Je n'ai rien à craindre, n'ayant rien à me reprocher, dit le More.

— Rien à vous reprocher, Mothril? Rappelez bien vos souvenirs.

— Que veut dire Votre Altesse?

— Je veux dire que vous n'aimez point les ambassadeurs, pas plus ceux qui viennent du côté de l'Occident que ceux qui viennent du côté de l'Orient.

Mothril commença de concevoir quelque inquiétude; peu à peu l'interrogatoire prenait une tournure menaçante; mais comme il ne savait encore de quel côté allait venir l'attaque, il se tut et attendit.

Le roi continua:

— C'est la première fois que vous arrêtez les messagers que l'on m'envoie, Mothril.

— La première fois ! répondit le More, jouant le tout pour le tout ; il en est venu cent peut-être, et je n'en ai jamais laissé passer un seul.

Le roi se leva furieux.

— Si j'ai failli, continua le More, en écartant du palais de mon roi des assassins, gagés par Henri de Transtamare ou par le connétable Bertrand Duguesclin, si j'ai sacrifié quelques innocents, parmi tant de coupables, ma tête est là pour payer la faute de mon cœur.

Le roi se rassit, et, en s'asseyant, il dit :

— C'est bien, Mothril ; en faveur de l'excuse que vous me donnez, et qui peut être vraie, je vous pardonne ; mais que cela n'arrive plus, et que tout messager qui me sera adressé m'arrive, entendez-vous ? qu'il vienne de Burgos ou de Séville, peu importe. Quant aux Français, ils sont ambassadeurs réellement, je le sais ; je veux, en conséquence, les traiter en ambassadeurs. Qu'on les fasse donc sortir à l'instant même de la tour, qu'on les conduise, avec les honneurs dus à leur caractère, dans la plus belle maison de la ville ; demain je les recevrai en audience solennelle dans la grande salle du palais. Allez !

Mothril baissa la tête, et sortit écrasé par la surprise et l'effroi.

VI

L'AUDIENCE.

Agénor et son fidèle écuyer se lamentaient chacun à sa façon.

Musaron faisait adroitement remarquer à son maître qu'il avait prédit ce qui était arrivé.

Agénor répondait que, sachant ce qui allait arriver, il n'en avait pas moins dû courir la chance.

Ce à quoi Musaron répondait que certains ambassadeurs avaient été vus accrochés à des potences, plus hautes peut-être, mais certainement non moins désagréables que de plus petites.

Ce à quoi Mauléon ne trouvait rien à répondre.

On connaissait la justice expéditive de don Pèdre; quand on fait aussi peu de cas de la vie des hommes, on agit toujours vite.

Les deux prisonniers se livraient donc à ces lugubres pensées, et Musaron examinait déjà les pierres du mur, pour s'assurer si quelqu'une ne se prêtait point à être descellée, lorsque Mothril apparut sur le seuil de la tour, suivi d'une escorte de capitaines qu'il laissa à la porte.

Si vite qu'il eût paru, Agénor avait eu le temps de baisser la visière de son casque.

— Français, dit Mothril, réponds-moi et ne mens pas, si toutefois tu peux parler sans mentir.

— Tu juges les autres d'après toi, Mothril, dit Agénor qui, tout en désirant ne pas aggraver sa position par un élan de colère, répugnait, surtout d'instinct, à se laisser insulter par l'homme qu'il haïssait le plus au monde.

— Que veux-tu dire, chien? fit Mothril.

— Tu m'appelles chien, parce que je suis chrétien ; alors ton maître est un chien aussi, n'est-ce pas ?

La riposte atteignit le More.

— Qui te parle de mon maître et de sa religion? dit-il ; ne mêle pas son nom au tien, et ne crois pas lui ressembler, parce qu'il adore le même Dieu que toi.

Agénor s'assit en haussant les épaules.

— Est-ce pour me dire toutes ces misères que tu es venu, Mothril? demanda le chevalier.

— Non ; j'ai d'importantes questions à te faire.

— Voyons, fais.

— Avoue d'abord comment tu t'y es pris pour correspondre avec le roi.

— Avec quel roi? demanda Agénor.

— Je n'en reconnais qu'un seul, envoyé des rebelles, et c'est le roi mon maître.

— Don Pèdre. Tu me demandes comment j'ai pu correspondre avec don Pèdre?

— Oui !
— Je ne comprends pas.
— Nies-tu avoir demandé audience au roi ?
— Non, puisque c'est à toi-même que j'ai fait cette demande.
— Oui, mais ce n'est pas moi qui ai transmis cette demande au roi... et cependant...
— Et cependant ?... répéta Agénor.
— Il connaît ton arrivée.
— Ah ! fit Agénor avec une stupéfaction qui eut pour écho le Ah ! beaucoup plus accentué encore de Musaron.
— Ainsi, tu ne veux rien m'avouer ? dit Mothril.
— Que veux-tu que je t'avoue ?
— Par quel moyen d'abord tu as correspondu avec le roi.
Agénor haussa une seconde fois les épaules.
— Demande à nos gardes, dit-il.
— Ne crois pas rien obtenir du roi, chrétien, si tu n'as d'abord mon assentiment.
— Ah ! dit Agénor, je verrai donc le roi ?
— Hypocrite ! fit Mothril avec rage.
— Bon ! cria Musaron, nous n'aurons pas besoin de trouer le mur, à ce qu'il paraît.
— Silence, dit Agénor.
Puis, se retournant vers Mothril :
— Eh bien ! dit-il, puisque je parlerai au roi, nous verrons, Mothril, si mes paroles ont si peu de poids que tu le supposes.
— Avoue ce que tu as fait pour que le roi ait su ton arrivée, dis-moi les conditions auxquelles

tu viens proposer la paix, et tu auras tout mon appui.

— A quoi bon acheter un appui dont ta colère même prouve en ce moment que je puis me passer? dit Agénor en riant.

— Montre-moi ton visage au moins! s'écria Mothril, inquiet de ce rire et du son de cette voix.

— Devant le roi tu me verras, dit Agénor ; au roi, je parlerai à cœur et visage découverts.

Tout à coup Mothril se frappa le front et regarda autour de la chambre.

— Tu avais un page? dit-il.
— Oui.
— Qu'est-il devenu?
— Cherche, demande, interroge, c'est ton droit.

— C'est pour cela que je te questionne.
— Entendons-nous : c'est ton droit sur tes officiers, tes soldats, tes esclaves, mais pas sur moi.

Mothril se retourna vers sa suite.

— Il y avait un page avec le Français, dit-il ; qu'on s'informe de ce qu'il est devenu.

Il y eut un instant de silence, tandis que les recherches se faisaient ; chacun des trois personnages attendait le résultat de ces recherches avec un aspect différent. Mothril, agité, se promenait devant la porte comme une sentinelle devant son poste, ou plutôt comme une hyène dans sa loge. Agénor, assis, attendait avec l'immobilité et le silence d'une statue de fer. Musaron, attentif à toutes choses, demeurait muet comme son maître, mais dévorait des yeux le More.

La réponse fut que le page avait disparu depuis la veille, et n'avait pas reparu depuis.

— Est-ce vrai? demanda Mothril à Agénor.

— Dame! fit le chevalier, ce sont des hommes de ta croyance qui le disent. Les infidèles mentent-ils donc aussi?

— Mais pourquoi a-t-il fui?

Agénor comprit tout.

— Pour aller dire au roi, sans doute, que son maître était arrêté, répondit-il.

— On ne parvient pas jusqu'au roi, quand Mothril veille autour du roi, répondit le More.

Puis, tout à coup se frappant le front :

— Oh! la fleur d'oranger! dit-il. Oh! le billet!

— Décidément le More devient fou, dit Musaron.

Tout à coup Mothril parut se rasséréner. Ce qu'il venait de découvrir était moins terrible sans doute que ce qu'il avait craint d'abord.

— Eh bien! dit-il, soit; je te félicite de l'adresse de ton page; l'audience que tu désirais t'est accordée.

— Et pour quel jour?

— Pour demain, répondit Mothril.

— Dieu soit loué! dit Musaron.

— Mais prends garde, continua le More s'adressant au chevalier, que ton entrevue avec le roi n'ait pas l'heureux dénoûment que tu espères.

— Je n'espère rien. dit Agénor ; je remplis ma mission. voilà tout.

— Veux-tu un conseil? dit Mothril en donnant à sa voix une expression presque caressante.

— Merci, dit Agénor, je ne veux rien de toi.
— Pourquoi cela?
— Parce que je ne reçois rien d'un ennemi.

A son tour, le jeune homme prononça ces paroles avec un tel accès de haine que le More en frissonna.

— C'est bien, dit-il ; adieu, Français.
— Adieu. infidèle, dit Agénor.

Mothril sortit : il savait en somme ce qu'il désirait savoir ; le roi avait été instruit, mais par une voie peu redoutable. Ce n'était pas ce qu'il avait craint d'abord.

Deux heures après cette entrevue, une garde imposante vint prendre Agénor au seuil de la tour, et le conduisit, avec de grandes marques de respect, à une maison située sur la place de Soria.

De vastes appartements, aussi somptueusement meublés qu'il avait été possible de le faire, étaient préparés pour recevoir l'ambassadeur.

— Vous êtes ici chez vous, seigneur envoyé du roi de France, dit le capitaine commandant l'escorte.

— Je ne suis pas l'envoyé du roi de France, dit Agénor, et je ne mérite pas d'être traité comme tel. Je suis l'envoyé du connétable Bertrand Duguesclin.

Mais le capitaine se contenta de répondre au chevalier par un salut et se retira.

Musaron faisait le tour de chaque chambre, inspectant les tapis, les meubles, les étoffes, et disant à chaque inspection :

— Décidément, nous sommes mieux ici qu'à la tour.

Pendant que Musaron passait sa revue, le grand gouverneur du palais entra, et demanda au chevalier s'il lui plaisait de faire quelques préparatifs pour paraître devant le roi.

— Aucun, dit Agénor ; j'ai mon épée, mon casque et ma cuirasse ; c'est la parure du soldat, et je ne suis qu'un soldat envoyé par son capitaine.

Le gouverneur sortit en ordonnant aux trompettes de sonner.

Un instant après, on amena à la porte un superbe cheval, couvert d'une housse magnifique.

— Je n'ai pas besoin d'un autre cheval que le mien, dit Agénor ; on me l'a pris, qu'on me le rende : voilà tout ce que je désire.

Dix minutes après, le cheval d'Agénor lui était rendu.

Une foule immense bordait l'intervalle, d'ailleurs très-court, qui séparait la maison d'Agénor du palais du roi. Le jeune homme chercha à retrouver, parmi les femmes entassées au balcon, sa compagne de voyage, qu'il connaissait si bien. Mais ce fut une vaine prétention à laquelle il renonça bien vite.

Toute la noblesse fidèle à don Pèdre formai un corps de cavalerie rangé dans la cour d'honneur du palais. C'était un spectacle éblouissan que celui de ces armures couvertes d'or.

A peine Agénor eut-il mis pied à terre qu'il s trouva quelque peu embarrassé. Les événements s'étaient succédé avec tant de rapidité qu'il n'avait pas encore eu le temps de songer à sa mission, persuadé qu'il était que sa mission ne s'accomplirait pas.

Sa langue semblait collée à son palais, il n'avait pas une idée précise dans l'esprit. Toutes ses pensées flottaient vagues, indécises, et se heurtant comme les nuées dans les jours brumeux de l'automne.

Son entrée dans la salle d'audience fut celle d'un aveugle à qui la vue revient tout à coup sous un ardent rayon de soleil, qui illumine pour lui un nuage d'or, de pourpre et de panaches mouvants.

Tout à coup, une voix vibrante retentit, voix qu'il reconnaissait pour l'avoir entendue, une nuit dans le jardin de Bordeaux, un jour dans la tente de Caverley.

— Sire chevalier, dit cette voix, vous avez désiré parler au roi, vous êtes devant le roi.

Ces paroles fixèrent les yeux du chevalier sur le point qu'ils devaient embrasser. Il reconnut don Pèdre. A sa droite était une femme assise et voilée, à sa gauche était Mothril debout.

Mothril était pâle comme la mort; il venait de reconnaître dans le chevalier l'amant d'Aïssa.

Cette inspection avait été rapide comme la pensée.

— Monseigneur, dit Agénor, je n'ai jamais cru un seul instant que je fusse arrêté par les ordres de Votre Seigneurie.

Don Pèdre se mordit les lèvres.

— Chevalier, dit-il, vous êtes Français, et par conséquent peut-être ignorez-vous que, lorsqu'on parle au roi d'Espagne, on l'appelle Sire et Altesse.

— En effet, j'ai eu tort, dit le chevalier en s'inclinant, vous êtes roi à Soria.

— Oui, roi à Soria, reprit don Pèdre, en attendant que celui qui a usurpé ce titre ne soit plus roi ailleurs.

— Sire, dit Agénor, ce n'est point heureusement sur ces hautes questions que j'ai à discuter avec vous. Je suis venu de la part de don Henri de Transtamare, votre frère, vous proposer une bonne et loyale paix, dont vos peuples ont si grand besoin, et dont vos cœurs de frères se réjouiront aussi.

— Sire chevalier, dit don Pèdre, si vous êtes venu pour discuter ce point avec moi, dites-nous alors pourquoi vous venez me proposer aujourd'hui ce que vous m'avez refusé il y a huit jours.

Agénor s'inclina.

— Altesse, dit-il, je ne suis point juge entre vos puissantes Seigneuries; je rapporte les paroles qu'on m'a dites, voilà tout. Je suis une voix qui s'étend de Burgos à Soria, d'un cœur de frère à un autre cœur.

— Ah! vous ne savez pas pourquoi l'on m'offre aujourd'hui la paix, dit don Pèdre. Eh bien! moi, je vais vous le dire.

Il se fit, en attendant les paroles du roi, un profond silence dans l'assemblée ; Agénor profita de ce moment pour reporter de nouveau les yeux sur la femme voilée et sur le More. La femme voilée était toujours muette et immobile comme une statue. Le More était pâle et changé, comme si en une nuit il eût souffert toutes les douleurs qu'un homme peut atteindre en toute une vie.

— Vous m'offrez la paix au nom de mon frère, dit le roi, parce que mon frère veut que je la refuse, et sait que je la refuserai aux conditions que vous allez me faire.

— Sire, dit Agénor, Votre Altesse ignore encore quelles sont ces conditions.

— Je sais que vous venez m'offrir la moitié de l'Espagne ; je sais ce que vous venez me demander : des otages au nombre desquels doit être mon ministre Mothril et sa famille.

Mothril, de pâle qu'il était, devint livide ; son œil ardent semblait vouloir lire jusqu'au fond du cœur de don Pèdre, pour s'assurer s'il persévérerait dans son refus.

Agénor tressaillit, il ne s'était ouvert de ces conditions à personne, excepté à la bohémienne, à laquelle il en avait dit quelques mots.

— En effet, dit-il, Votre Altesse est bien instruite, quoique je ne sache pas comment et par qui elle a pu l'être.

En ce moment, sans affectation et d'un mouvement naturel, la femme assise près du roi leva son voile brodé d'or et le rejeta sur ses épaules.

Agénor faillit pousser un cri d'effroi ; dans cette femme qui siégeait à la droite de don Pèdre, il venait de reconnaître sa compagne de voyage.

Le sang afflua à son visage, il comprit d'où le roi tenait les renseignements qui lui avaient épargné la peine d'exposer les conditions de la paix.

— Sire chevalier, dit le roi, apprenez ceci de ma bouche, et répétez-le à ceux qui vous ont envoyé : quelles que soient les conditions que l'on me propose, il y en a une que je repousserai toujours, c'est celle de partager mon royaume, attendu que mon royaume est à moi, et que je veux être libre d'en disposer à mon gré ; vainqueur, j'offrirai à mon tour des conditions.

— Alors, Son Altesse veut donc la guerre? demanda Agénor.

— Je ne la veux pas, je la subis, répondit don Pèdre.

— C'est la volonté immuable de Votre Altesse?

— Oui.

Agénor détacha lentement son gantelet d'acier et le jeta dans l'espace qui le séparait du roi.

— Au nom de don Henri de Transtamare, roi de Castille, dit-il, j'apporte ici la guerre.

Le roi se leva au milieu d'un grand murmure et d'un effroyable froissement d'armes.

— Vous avez fidèlement rempli votre mission,

sire chevalier, dit-il ; il nous reste à faire loyalement notre devoir de roi. Nous vous offrons vingt-quatre heures d'hospitalité dans notre ville, et s'il vous convient, notre palais sera votre demeure, notre table sera la vôtre.

Agénor, sans répondre, fit un profond salut au roi, et en relevant la tête, il jeta les yeux sur la femme assise aux côtés du roi.

Elle le regardait en souriant avec douceur. Il lui sembla même qu'elle appuyait son doigt sur ses lèvres comme pour lui dire :

— Patience ! Espérez !

VII

LE RENDEZ-VOUS.

Malgré cette espèce de promesse tacite dont Agénor, d'ailleurs, ne se rendait pas bien compte, il sortit de l'audience dans un état d'anxiété facile à décrire. Tout ce qui demeurait vraisemblable pour lui, sans aucun doute, c'est que cette bohémienne inconnue, avec laquelle il avait familièrement voyagé, n'était autre que la célèbre Maria Padilla.

La résolution de don Pèdre, qui, pour éclater, n'avait pas même attendu ses paroles, n'était pas ce qui l'inquiétait le plus ; car, au bout du compte, don Pèdre avait su la veille ce qu'il n'aurait dû savoir que le lendemain ; voilà tout. Mais Agénor se souvenait encore d'avoir livré à la bohémienne son plus cher, son plus intime secret : l'amour d'Aïssa.

Une fois la jalousie de cette femme terrible éveillée contre la pauvre Aïssa, qui pouvait savoir où s'arrêterait la frénésie qui avait déjà sacrifié tant de têtes innocentes ?

Toutes ces funèbres pensées, éveillées à la fois dans l'esprit d'Agénor, l'empêchèrent de remarquer les foudroyants regards de Mothril et des nobles Mores, que la proposition, faite au nom de Henri de Transtamare, avait blessés à la fois dans leur orgueil et dans leurs intérêts.

Vif et brave comme il l'était, le chevalier franc n'eût probablement pas conservé en face de leurs provoquantes œillades tout le calme et toute l'impassibilité nécessaires à un ambassadeur.

Au moment où il allait peut-être les remarquer et y répondre, une autre distraction lui survint. A peine était-il hors du palais et avait-il dépassé la haie des gardes qui l'entouraient, qu'une femme enveloppée d'un long voile lui toucha le bras, avec un signe mystérieux pour l'engager à la suivre.

Agénor hésita un instant ; il savait de combien de piéges don Pèdre et sa vindicative maitresse entouraient leurs ennemis, quelle fertilité de moyens ils développaient lorsqu'il s'agissait d'une vengeance ; mais en ce moment, le chevalier, tout bon chrétien qu'il était, se sentit un peu crédule à cette fatalité des Orientaux, qui ne laisse pas à l'homme son libre arbitre, et lui enlève ainsi, — n'est-ce pas un bonheur parfois? — et lui enlève ainsi la faculté de prévoir et de repousser le mal.

Le chevalier étouffa donc toute crainte, il se dit qu'il luttait depuis assez longtemps, et qu'il était bon d'en finir d'une façon ou de l'autre, et que, si le destin avait fixé cette heure pour sa dernière heure, elle serait la bienvenue.

Il suivit donc la vieille, qui traversa ce grand concours de peuple, le même dans toutes les grandes villes, et qui, certaine sans doute de ne pas être reconnue, enveloppée comme elle l'était, s'achemina tout droit vers la maison qui avait été donnée comme logis au chevalier.

Sur le seuil de cette maison, Musaron attendait.

Une fois entré, ce fut Agénor qui guida la vieille jusqu'à la chambre la plus reculée. La vieille, à son tour, le suivait, et Musaron, se doutant qu'il allait se passer quelque chose de nouveau, fermait la marche.

La vieille, une fois entrée, leva son voile, et Agénor et son écuyer reconnurent la nourrice de la bohémienne.

Après ce qui venait de se passer au palais, cette apparition n'étonna aucunement Agénor; mais Musaron, dans son ignorance, poussa un cri de surprise.

— Seigneur, dit la vieille, doña Maria Padilla

eut causer avec vous, et désire, en conséquence, ue vous vous rendiez ce soir au palais. Le roi asse en revue les troupes nouvellement arri-ées ; pendant ce temps doña Maria sera seule. eut-elle compter sur vous? La viendrez-vous oir ?

— Mais, dit Agénor, qui ne pouvait afficher our doña Maria les bons sentiments qu'il n'a-ait point. pourquoi doña Maria désire-t-elle me oir ?

— Croyez-vous, seigneur chevalier, que ce oit un bien grand malheur d'être choisi par ne femme comme doña Maria pour lui venir arler secrètement ? dit la nourrice avec ce sou-ire complaisant des vieilles servantes du Midi.

— Non, dit Agénor ; mais je l'avoue, j'aime es rendez-vous en plein air, les endroits où 'espace ne manque point et où un homme puisse ller avec son cheval et sa lance.

— Et moi avec mon arbalète, dit Musaron.

La vieille sourit à ces marques d'inquiétude.

— Je vois, dit-elle, qu'il faut que j'accomplisse on message jusqu'au bout.

Et elle tira de son aumônière un petit sachet enfermant une lettre.

Musaron, à qui en pareille circonstance le rôle e lecteur appartenait toujours, s'empara du pa-ier et lut :

« Ceci, chevalier, est un gage de sécurité onné par votre compagne de voyage. Venez onc me trouver à l'heure et au lieu que vous dira ma nourrice, afin que nous parlions d'Aïssa. »

A ces mots Agénor tressaillit. et comme le nom de la maîtresse est la religion de l'amant, ce nom d'Aïssa parut une sauvegarde solennelle à Agénor, et il s'écria aussitôt qu'il était prêt à suivre la nourrice partout où elle voudrait aller.

— En ce cas, dit-elle, rien n'est plus simple, et j'attendrai Votre Seigneurie ce soir à la chapelle du château. Cette chapelle est publique aux officiers de notre seigneur le roi, mais à huit heures du soir on en ferme les portes. Vous entrerez à sept heures et demie, et vous vous cacherez derrière l'autel.

— Derrière l'autel ! dit Agénor en secouant la tête avec ses préjugés de l'homme du Nord, je n'aime pas les rendez-vous donnés derrière un autel.

— Oh ! ne craignez rien, dit naïvement la vieille ; Dieu ne s'offense point en Espagne de ces petites profanations dont il a l'habitude. D'ailleurs vous ne resterez pas longtemps à attendre ; derrière cet autel est une porte par laquelle, de ses appartements, le prince et les personnes de sa maison peuvent se rendre à la chapelle. Cette porte, je l'ouvrirai pour vous, et vous disparaîtrez, sans qu'on vous voie, par ce chemin inconnu.

— Sans qu'on vous voie. Hum ! hum ! fit en français Musaron, cela sent terriblement le coupe-gorge, seigneur Agénor, qu'en dites-vous?

— Ne crains rien, répliqua le chevalier dans la même langue ; nous avons la lettre de cette femme, et quoique signée de son nom de baptême seulement, c'est une garantie. S'il m'arrivait malheur, tu retournerais avec cette lettre près du connétable et de don Henri de Transtamare ; tu expliquerais mon amour, mes malheurs, la ruse dont on se serait servi pour m'attirer dans le piége ; et, je les connais tous deux, il serait tiré des traîtres une vengeance qui ferait frémir l'Espagne.

— Très-bien, repartit Musaron ; mais en attendant, vous n'en seriez pas moins égorgé.

— Oui ; mais si c'est réellement pour me parler d'Aïssa que doña Maria me demande?...

— Monsieur, vous êtes amoureux, c'est-à-dire que vous êtes fou, répondit Musaron, et un fou a toujours raison, là surtout où il extravague. Pardonnez-moi, monsieur ; mais c'est la vérité. Je me rends, allez là-bas.

Et l'honnête Musaron soupira profondément en achevant cette péroraison.

— Mais, au fait, reprit-il tout à coup, pourquoi n'irais-je pas avec vous, moi?

— Parce qu'il y a une réponse à porter au roi de Castille, don Henri de Transtamare, dit le chevalier, et que, moi mort, toi seul peux redire le résultat de ma mission.

Et Agénor raconta succinctement et clairement à l'écuyer la réponse de don Pèdre.

— Mais au moins, dit Musaron, qui ne se

tenait point pour battu, je puis veiller autour du palais.

— Pourquoi faire ?

— Pour vous défendre, corps de saint Jacques! s'écria l'écuyer, pour vous défendre avec mon arbalète, qui jettera bas une demi-douzaine de ces visages jaunes, tandis que vous en abattrez une autre demi-douzaine avec votre épée. Ce sera toujours une douzaine d'infidèles de moins, ce qui ne peut nuire à notre salut.

— Mon cher Musaron, dit Agénor, fais-moi au contraire le plaisir de ne point te montrer. Si l'on me tue, les murs de l'Alcazar seuls en sauront quelque chose ; mais écoute, continua-t-il avec la confiance des cœurs droits, je crois n'avoir point insulté cette doña Maria Padilla, elle ne peut donc m'en vouloir ; peut-être même lui ai-je rendu service ?

— Oui, mais le More, mais le seigneur Mothril, vous l'avez insulté suffisamment, lui, n'est-ce pas, ici et ailleurs? Or, si je ne me trompe, il est gouverneur du palais, et pour vous donner une idée de ses bonnes dispositions à votre égard, c'est lui qui voulait vous faire arrêter aux portes de la ville et jeter dans une cave. Ce n'est pas la favorite qu'il faut craindre, j'en conviens, mais c'est le favori.

Agénor était quelque peu superstitieux, il entremêlait volontiers la religion de ces sortes de capitulations de conscience à l'usage des amoureux ; il se retourna vers la vieille en disant :

— Si elle sourit, j'irai.

La vieille souriait.

— Retournez près de doña Maria, dit le chevalier à la nourrice, c'est chose convenue; ce soir, à sept heures, je serai à la chapelle.

— Bien, et moi j'attendrai avec la clef de la petite porte, répondit celle-ci. Adieu, seigneur Agénor; adieu, gracieux écuyer.

Musaron hocha la tête, la vieille disparut.

— Maintenant, dit Agénor en se retournant vers Musaron, pas de lettres pour le connétable, on pourrait t'arrêter et te les prendre. Tu lui diras que la guerre est résolue, qu'il faut commencer les hostilités; tu as notre argent, tu t'en serviras pour aller aussi vite que possible.

— Mais vous, seigneur?... car enfin il faut bien supposer que vous ne serez pas tué.

— Moi, je n'ai besoin de rien. Si je suis trahi, j'ai fait le sacrifice d'une vie de fatigues et de déceptions, dont je suis las. Si doña Maria, au contraire, me protége, elle me fera trouver chevaux et guides. Pars, Musaron, pars à l'instant même, les yeux sont fixés sur moi et non sur toi; on sait que je reste, c'est tout ce qu'il faut. Pars, ton cheval est bon et ton courage est grand. Quant à moi, je passerai le reste du jour en prière. Va !

Ce projet, tout aventureux qu'il était, une fois adopté, était sage, selon la situation. Aussi Musaron cessa-t-il de le discuter, non par courtoisie pour son maître, mais par conviction.

Musaron partit un quart d'heure après la résolution prise, et sortit sans difficulté de la ville. Agénor se mit en prière, comme il l'avait dit, et à sept heures et demie il se dirigea vers la chapelle.

La vieille l'attendait ; elle lui fit signe de se hâter, et elle ouvrit la petite porte, entraînant avec elle le chevalier.

Après une longue enfilade de corridors et de galeries, Agénor entra dans une salle basse à demi éclairée et autour de laquelle régnait une terrasse couverte de fleurs.

Sous une espèce de dais une femme était assise avec une esclave qu'elle renvoya aussitôt qu'elle vit le chevalier.

La vieille se retira aussi par discrétion, aussitôt qu'elle eut introduit le chevalier.

— Merci de votre exactitude, dit doña Maria à Mauléon. Je savais bien que vous étiez généreux et brave. J'ai voulu vous remercier après vous avoir fait en apparence une perfidie.

Agénor ne répondit rien ; c'était pour parler d'Aïssa qu'on l'avait appelé et qu'il était venu.

— Approchez-vous, dit doña Maria. Je suis tellement attachée au roi don Pèdre, que j'ai dû prendre ses intérêts en blessant les vôtres ; mais mon excuse est dans mon amour, et vous qui aimez, vous devez me comprendre.

Maria se rapprochait du but de l'entrevue. Agénor, néanmoins, se contenta de s'incliner et resta muet.

— Maintenant, continua Maria, que mes affaires sont faites, nous allons parler des vôtres, seigneur chevalier.

— Desquelles? demanda Agénor.

— De celles qui vous intéressent le plus vivement.

Agénor, à la vue de ce sourire franc, de ce geste gracieux, de cette éloquence toute cordiale, se sentit désarmé.

— Voyons, asseyez-vous là, dit l'enchanteresse en lui indiquant de la main une place auprès d'elle.

Le chevalier fit ce qu'on lui ordonnait.

— Vous m'avez crue votre ennemie, dit la jeune femme, cependant il n'en est rien, et la preuve, c'est que je suis prête à vous rendre des services égaux au moins à ceux que vous m'avez rendus.

Agénor la regarda étonné, Maria Padilla reprit :

— Sans doute, n'avez-vous pas été pour moi un bon défenseur pendant le chemin, un bon conseiller indirect?

— Bien indirect, dit Agénor, car j'ignorais complétement à qui je parlais.

— Je n'en ai pas moins réussi à servir le roi, grâce aux renseignements que vous m'avez donnés, ajouta Maria Padilla en souriant, cessez donc de nier que vous m'ayez été utile.

— Eh bien! je l'avouerai, madame... Mais quant à vous...

— Vous ne me croyez point capable de vous servir. Oh! chevalier, vous suspectez ma reconnaissance !

— Peut-être en auriez-vous le désir, madame, je ne dis pas le contraire.

— J'en ai le désir et la possibilité. Admettez, par exemple, que vous soyez retenu à Soria.

Agénor tressaillit.

— Je puis, moi, continua Maria, faciliter votre sortie de la ville.

— Ah! madame, dit Agénor, en agissant ainsi, vous servez les intérêts du roi don Pèdre autant que les miens; car vous empêchez qu'on ne taxe le roi de trahison et de lâcheté.

— J'admettrais cela, répondit la jeune femme, si vous étiez un simple ambassadeur inconnu à tous, et si vous étiez venu pour accomplir une mission toute politique et ne pouvant exciter la haine ou la défiance que chez le roi; mais cherchez bien, n'avez-vous pas quelque autre ennemi à Soria, quelque ennemi tout personnel?

Agénor se troubla visiblement.

— Ne comprendriez-vous point, si cela était, poursuivit doña Maria, que cet ennemi, si vous en avez un, ne consultant pas le roi, ne s'inquiétant que de son ressentiment privé, vous tendît un piége en se vengeant sur vous, sans que le roi fût pour rien dans cette vengeance? Ce qui serait facile à prouver à vos compatriotes, dans le cas où l'on en viendrait à une explication. Car, rappelez-vous-le bien, chevalier, vous êtes ici autant pour veiller à vos intérêts privés qu'à ceux de don Henri de Transtamare.

Agénor laissa échapper un soupir.

— Ah ! je crois que vous m'avez comprise, dit Maria. Eh bien ! si j'écartais de vous le danger qui peut vous menacer en cette rencontre...?

— Vous me conserveriez la vie, madame, et c'est pour beaucoup un grand intérêt que celui de la conservation ; mais quant à moi, je ne sais si j'en serais bien reconnaissant à votre générosité.

— Pourquoi ?

— Parce que je ne tiens pas à la vie.

— Et vous ne tenez pas à la vie ?...

— Non, dit Agénor en secouant la tête.

— Parce que vous avez quelque grand chagrin, n'est-ce pas ?

— Oui, madame.

— Et si je connaissais ce chagrin ?

— Vous ?

— Si je vous en montrais la cause ?

— Vous ! vous pourriez me dire... vous pourriez me faire voir...

Maria Padilla se dirigea vers la tenture de soie qui fermait la terrasse.

— Voyez ! dit-elle en écartant cette tenture.

On apercevait en effet une terrasse inférieure séparée de la première par des massifs d'orangers, de grenadiers et de lauriers-roses. Sur cette terrasse, au milieu des fleurs et baignée dans la poudre d'or d'un soleil couchant, une femme se balançait dans un hamac de pourpre.

— Eh bien ? dit doña Maria.

— Aïssa ! s'écria Mauléon en joignant les mains avec extase.

— La fille de Mothril, je crois, dit doña Maria.

— Oh ! madame, s'écria Mauléon, dévorant du regard l'espace qui le séparait d'Aïssa. Oui, là ! là ! vous avez raison, là est le bonheur de ma vie !

— En effet, si près, dit en souriant doña Maria, et si loin !

— Vous railleriez-vous de moi, señora? demanda Agénor avec inquiétude.

— Dieu m'en préserve, seigneur chevalier. Je dis seulement que doña Aïssa est en ce moment l'image du bonheur : souvent il semble qu'on n'ait qu'à étendre la main pour le toucher et l'on en est séparé par quelque obstacle invisible, mais insurmontable.

— Hélas ! je le sais ; elle est surveillée, gardée.

— Enfermée, seigneur franc, enfermée par de bonnes grilles aux fortes serrures.

— Si je pouvais au moins attirer son attention ! s'écria Agénor, la voir, me faire voir d'elle !

— Ce serait donc déjà un grand bonheur pour vous?

— Suprême.

— Eh bien ! je veux vous le procurer. Doña Aïssa ne vous a pas vu, elle vous verrait même que sa douleur n'en serait que plus grande, car pour les amants, c'est une triste ressource que de se tendre les bras, et de confier un baiser à l'air. Faites mieux, seigneur chevalier.

— Oh! que faut-il que je fasse? Dites, dites, madame; ordonnez, ou plutôt conseillez-moi.

— Voyez-vous cette porte? dit doña Maria en montrant une sortie placée sur la terrasse même; en voici la clef, la plus grande des trois clefs passées dans cet anneau; vous n'avez qu'à descendre un étage. Un long corridor, pareil à celui que vous avez suivi pour venir ici, aboutit au jardin de la maison voisine, dont les arbres apparaissent au niveau de la terrasse de doña Aïssa. Ah! vous commencez à comprendre, je crois?...

— Oui, oui, dit Mauléon, dévorant les paroles à mesure qu'elles sortaient de la bouche de doña Maria.

— Ce jardin, continua celle-ci, est fermé d'une grille dont voici la clef près de la première. Une fois là, vous pouvez vous rapprocher encore de doña Aïssa, car vous pouvez parvenir jusqu'au pied de la terrasse où elle se balance en ce moment; seulement, le mur de cette terrasse est à pic, et il est impossible de l'escalader; mais du moins, pourrez-vous, une fois là, appeler votre maîtresse et lui parler.

— Merci! merci! s'écria Mauléon.

— Vous êtes déjà plus satisfait, tant mieux, dit doña Maria l'arrêtant; toutefois, il y a danger à converser ainsi à distance, on peut être entendu. Je vous dis cela, bien que Mothril soit absent : il accompagne le roi à la revue des troupes qui nous arrivent d'Afrique, et il ne rentrera qu'à neuf heures et demie au moins, ou dix heures, et il en est huit.

— Une heure et demie! Oh! madame, donnez vite, donnez-moi cette clef, je vous en supplie.

— Oh! il n'y a pas de temps de perdu. Laissez s'éteindre ce dernier rayon de soleil qui rougit encore le couchant; c'est l'affaire d'une minute ou deux. Puis, voulez-vous que je vous dise?... ajouta-t-elle en souriant.

— Dites.

— Je ne sais comment séparer cette seconde clef de la troisième, car cette troisième, qui avait été donnée par Mothril au roi don Pèdre lui-même, j'ai eu bien de la peine à me la procurer.

— Au roi don Pèdre? dit Agénor tout frissonnant.

— Oui, reprit Maria. Figurez-vous que cette troisième clef ouvre la porte qui conduit à la terrasse elle-même, qu'elle ouvre à sa base ce mur infranchissable, et conduit à un escalier fort commode, lequel aboutit lui-même à la terrasse, où rêve à vous sans doute en ce moment Aïssa.

Agénor poussa un cri de folle joie.

— De sorte, continua doña Maria, que cette porte une fois fermée sur vous, vous serez libre de converser une heure et demie avec la fille de Mothril, et cela sans craindre d'être importunés. Car si l'on vient, et l'on ne peut venir que par la maison, vous aurez votre retraite sûre et ouverte de ce côté.

Agénor tomba à genoux et dévora de baisers la main de sa protectrice.

— Madame, dit-il, demandez-moi ma vie le jour où elle pourra vous être utile, et je vous la donnerai.

— Merci, gardez-la pour votre maîtresse, seigneur Agénor. Le soleil est disparu, dans quelques instants il fera nuit sombre, vous n'avez qu'une heure. Allez, et ne me compromettez pas près de Mothril.

Agénor s'élança par le petit escalier de la terrasse et disparut.

— Seigneur franc, lui cria doña Maria tandis qu'il fuyait, dans une heure on vous tiendra votre cheval prêt à la porte de la chapelle; mais que Mothril ne se doute de rien, ou nous serions perdus tous deux.

— Dans une heure, je le jure! répondit la voix déjà lointaine du chevalier.

VIII

L'ENTREVUE.

C'était en effet Aïssa qui, pensive et seule, se tenait sur la terrasse inférieure du palais attenant aux appartements de son père et aux siens, et qui, nonchalante et rêveuse comme une vraie fille d'Orient, aspirait la brise du soir et poursuivait du regard les derniers rayons du soleil.

Lorsque le soleil fut couché, sa vue s'égara sur les jardins magnifiques de l'Alcazar, cherchant par delà les murailles, par delà les arbres, ce qu'elle avait cherché par delà l'horizon, tant que l'horizon avait existé ; cette idée, ce souvenir vivace, qui ne tient compte ni des lieux ni des temps, et qu'on appelle amour, c'est-à dire éternel espoir.

Elle rêvait aux campagnes de France, plus vertes et plus touffues sinon plus parfumées, à ces riches jardins de Bordeaux, dont les ombrages protecteurs avaient abrité la plus douce scène de sa vie, et comme, en toute chose à laquelle il s'arrête, l'esprit humain cherche une analogie, triste ou joyeuse, elle songeait en même temps au jardin de Séville, où, pour la première fois, elle avait vu de près Agénor, lui avait parlé, avait touché sa main, qu'à présent elle brûlait de serrer encore.

Il y a des abîmes dans la pensée des amants. Comme dans l'esprit des fous, les extrêmes s'y croisent avec l'incohérente rapidité des songes, et le sourire de la jeune fille qui aime se résout parfois, comme celui d'Ophélie, en larmes amères et en sanglots déchirants.

Aïssa, toute subjuguée par ses souvenirs, sourit, soupira, et versa des larmes.

Elle en était aux larmes et peut-être allait passer aux sanglots, quand un pas précipité retentit dans l'escalier de pierre.

Elle crut que Mothril, déjà de retour, se hâtait, comme il faisait quelquefois, de la venir surprendre au milieu de ses plus doux rêves, comme si, chez cet homme clairvoyant jusqu'à la magie, une intelligence veillait, pareille à un flambeau infernal, pour éclairer toutes choses à l'entour de lui et ne lui laisser d'obscur que sa pensée, immuable, profonde et toute-puissante.

Et cependant il lui semblait que ce pas n'était point celui de Mothril, que ce bruit venait d'un côté opposé à celui par lequel venait Mothril.

Alors elle songea en frissonnant au roi; au roi qu'elle avait complétement cessé de craindre, et par conséquent oublié, depuis l'arrivée de Maria. Cet escalier par lequel venait le bruit était celui que Mothril avait ménagé comme un passage secret à son souverain.

Elle se hâta donc, non pas de sécher ses larmes, ce qui eût senti la dissimulation vulgaire, ce qui eût été au-dessous de sa fière pensée, mais de chasser un souvenir trop doux en présence de l'ennemi qui allait s'offrir à ses yeux : si c'était Mothril, elle avait sa volonté; si c'était don Pedro, elle avait son poignard.

Puis, elle affecta de tourner le dos à la porte, comme si rien d'heureux ou de menaçant ne pouvait parvenir à elle en l'absence d'Agénor, préparant son oreille à entendre la dure parole en harmonie avec le pas sinistre qui l'avait déjà fait frémir.

Soudain, elle sentit autour de son cou deux bras armés de fer; elle poussa un cri de colère et de dégoût ; mais ses lèvres furent closes par deux lèvres avides. Alors, à la sensation dévorante qui passa dans ses veines plus encore qu'au regard qu'elle jeta sur lui, elle reconnut Agénor agenouillé sur le marbre à ses pieds.

A peine put-elle étouffer le second cri de joie qui s'exhala de sa bouche et dégonfla son cœur. Elle se leva, toujours enlacée à son amant, et, forte comme la jeune panthère qui traîne sa proie dans les broussailles de l'Atlas, elle emmena, elle emporta pour ainsi dire Agénor dans l'escalier, qui déroba dans son ombre mystérieuse la joie des deux amants.

La chambre aux longs stores d'Aïssa venait aboutir au pied de cet escalier ; elle s'y réfugia dans les bras de son amant, et comme la lumière des cieux était absorbée par les épaisses tentures, comme nul bruit ne traversait les murailles tapissées, on n'entendit, pendant quelques instants, que des baisers dévorants et des soupirs de flamme, perdus dans les longues tresses noires et parfumées d'Aïssa, qui s'étaient dénouées dans l'étreinte et qui les enveloppaient tous deux comme un voile.

Étrangère à nos mœurs européennes, ignorant l'art de doubler les désirs par la défense, Aïssa s'était livrée à son amant comme avait dû se livrer la première femme, sous l'empire de l'instinct et avec l'abandon et l'entraînement d'un bonheur qu'on sent être soi-même le suprême bonheur.

— Toi ! toi ! murmurait-elle enivrée ; toi, dans

le palais du roi don Pedro ! toi, rendu à mon fol amour ! Oh ! les jours sont trop longs dans l'absence, et Dieu a deux mesures pour le temps : le minutes où je te vois et qui passent comme l'ombre ; les jours où je ne te vois pas et qui sont des siècles !

Puis leurs deux voix se perdirent de nouveau dans un doux et long baiser.

— Oh ! tu es donc à moi ! s'écria enfin Agénor. Que m'importe la haine de Mothril ? que m'importe l'amour du roi ? Je puis mourir maintenant.

— Mourir ! dit Aïssa, les yeux humides et les lèvres frémissantes ; mourir ! Oh ! non, tu ne mourras pas, mon bien-aimé. Je t'ai sauvé à Bordeaux et te sauverai encore ici. Quant à l'amour du roi, regarde comme mon cœur est petit, comme il soulève une imperceptible partie de ma poitrine. Crois-tu que, dans ce cœur tout rempli de toi, ne battant que pour toi, il y ait place même pour l'ombre d'un autre amour ?

— Oh ! Dieu me garde de pouvoir penser un instant que mon Aïssa m'oublie, dit Agénor. Mais là où la persuasion échoue, la violence est parfois toute-puissante. N'as-tu pas entendu raconter l'aventure de Léonor de Ximénès, à qui la brutalité du roi n'a laissé d'autre asile qu'un couvent ?

— Léonor de Ximénès n'était point Aïssa, seigneur. Il n'en serait donc point, je te le jure, de l'une comme de l'autre.

— Tu te défendrais, je le sais bien ; mais, en te défendant, tu mourrais, peut-être !

— Eh bien ! ne m'aimerais-tu pas mieux morte qu'appartenant à un autre ?

— Oh, oui ! oui ! s'écria le jeune homme en la serrant contre son cœur. Oh ! oui, meurs, meurs, s'il le faut. mais ne sois qu'à moi !

Et il l'enveloppa de nouveau dans ses bras avec un mouvement d'amour qui ressemblait presque à de la terreur.

La nuit, qui déjà brunissait les murailles extérieures, avait, dans la chambre, enlevé toute forme aux objets : comment, dans cette obscurité pleine de paroles d'amour et d'haleines brûlantes, comment ne pas brûler de ce feu qui dévore sans éclairer, pareil à ces flammes terribles qui vivent sous les ondes ?

Pendant un long espace de temps, le silence de la mort ou celui de l'amour régna dans la chambre où venaient de retentir deux voix et de se heurter deux cœurs aux battements confondus.

Agénor s'arracha le premier à ce bonheur ineffable. Il ceignit son épée, dont le fourreau de fer résonna sur le marbre.

— Que fais-tu ? s'écria la jeune fille en saisissant le bras du chevalier.

— Tu l'as dit, répondit Agénor, le temps a deux mesures ; des minutes pour le bonheur, des siècles pour le désespoir. Je pars.

— Tu pars, mais tu m'emmènes, n'est-ce pas ? mais nous partons ensemble ?

Le jeune homme se dégagea avec un soupir des bras de sa maîtresse.

— Impossible, dit-il.

— Comment, impossible?

— Oui, je suis venu ici avec le caractère sacré d'ambassadeur, c'est lui qui me protége; je ne puis le violer.

— Mais moi! s'écria Aïssa, moi je ne te quitte point.

— Aïssa, dit le jeune homme, je viens au nom du bon connétable; je viens au nom de Henri de Transtamare, qui m'ont confié, l'un, les intérêts de l'honneur français, l'autre, les intérêts du trône castillan; que diraient-ils quand ils verraient qu'au lieu de remplir cette double mission, je ne me suis occupé que des intérêts de mon amour?

— Qui le leur dira? Qui t'empêche de me cacher à tous les yeux?

— Il faut que je retourne à Burgos. Il y a trois journées de chemin de Soria à Burgos.

— Je suis forte, habituée aux marches rapides.

— Tu as raison, car la marche des cavaliers arabes est rapide, plus rapide que ne pourra l'être la nôtre. Dans une heure, Mothril s'apercevra de ton évasion; dans une heure, il sera à notre poursuite, Aïssa; je ne puis regagner Burgos en fugitif.

— Oh! mon Dieu! mon Dieu! nous séparer encore, dit Aïssa.

— Cette fois, du moins, la séparation sera courte, je te le jure. Laisse-moi m'acquitter de ma mission, laisse-moi rejoindre le camp de don Henri, laisse-moi dépouiller l'emploi dont il m'a chargé, laisse-moi redevenir Agénor, le cavalier franc qui t'aime, qui n'aime que toi, qui ne vit que pour toi, et alors, je te le jure, Aïssa, sous un déguisement quelconque, fût-ce sous celui d'un infidèle, je reviens à toi, et, cette fois, c'est moi qui t'emmène de force, si tu ne veux pas venir.

— Non! non! dit Aïssa, d'aujourd'hui seulement a commencé ma vie; jusqu'aujourd'hui, je ne vivais pas, car je ne t'appartenais pas; d'aujourd'hui, je ne pourrais vivre sans toi; comme autrefois, je ne pourrais plus soupirer et pleurer en attendant; non, je rugirais, je me déchirerais dans ma douleur; d'aujourd'hui, je suis ta femme! Eh bien! meurent tous ceux qui s'opposeront à ce que la femme suive son époux!

— Eh quoi! même notre protectrice, Aïssa? même cette femme généreuse qui m'a guidé jusqu'à toi, même cette pauvre Maria Padilla, sur laquelle Mothril se vengerait? Et tu sais de quelle façon se venge Mothril!

— Oh! mon âme s'en va, murmura la jeune fille en pâlissant; car elle sentait qu'une force supérieure, celle de la raison, la détachait de son amant. Mais laisse-moi te rejoindre; j'ai deux mules si rapides qu'elles dépassent à la course les plus rapides chevaux. Tu m'indiqueras un endroit où je puisse t'attendre ou te rejoindre; et sois tranquille, je te rejoindrai.

— Aïssa, nous revenons au même but par un autre chemin, impossible ! impossible !

La jeune fille se laissa glisser sur ses deux genoux. La fière Moresque était aux pieds d'Agénor, priant, suppliant.

En ce moment, le son triste et plaintif d'une guzla traversa les airs au-dessus de leurs têtes en imitant le cri d'un ami inquiet qui appelle; tous deux tressaillirent.

— D'où vient ce bruit ? dit Aïssa.

— Je devine, moi, dit Agénor ; viens, viens.

Tous deux remontèrent sur la terrasse.

Les yeux d'Agénor se portèrent aussitôt vers la terrasse de Maria.

L'ombre était épaisse, mais cependant, à la sombre clarté des étoiles, les deux jeunes gens purent distinguer une robe blanche penchée sur le parapet et tournée de leur côté.

Seulement peut-être eussent-ils pu rester dans le doute de savoir si c'était un fantôme ou si c'était une femme. Mais, au même instant, la vibration de la corde sonore retentit dans la même direction.

— Elle m'appelle, murmura Agénor ; elle m'appelle, tu l'entends.

— Venez ! venez ! cria, comme venant du ciel, la voix assourdie de doña Maria.

— L'entends-tu, Aïssa ? l'entends-tu ? fit Agénor.

— Oh ! je ne vois rien, je n'entends rien, balbutia la jeune fille.

En même temps retentirent les trompettes

qui, d'habitude, escortaient le roi à sa rentrée au palais.

— Grand Dieu! s'écria Aïssa, transformée tout à coup en femme inquiète et faible ; ils viennent ; fuis, mon Agénor, fuis !

— Encore un adieu, fit Agénor.

— Un dernier peut-être, murmura la jeune fille en appuyant ses lèvres sur les lèvres de son amant.

Et elle poussa le jeune homme dans l'escalier.

Son pas n'avait pas cessé de retentir, que celui de Mothril se faisait entendre ; et la porte qui conduisait chez Maria Padilla se refermait à peine, que celle de la chambre d'Aïssa s'ouvrait.

IX

LES PRÉPARATIFS DE LA BATAILLE.

Trois jours après les événements que nous venons de raconter, Agénor, par la même route qu'il avait suivie en venant, avait rejoint Musaron, et rendait compte de sa mission à Henri de Transtamare.

Nul ne se dissimulait les dangers qu'avait courus Agénor dans l'accomplissement de sa mission d'ambassadeur. Aussi, le connétable le remercia, le loua, et lui enjoignit de prendre place à côté des plus braves Bretons, sous la bannière que portait Sylvestre de Budes.

De tous côtés on se préparait à la guerre. Le prince de Galles avait obtenu passage sur les terres du roi de Navarre, et il avait rejoint don Pèdre, lui amenant une bonne armée pour joindre à ses belles troupes d'Afrique.

De leur côté, les aventuriers anglais, ralliés décidément à don Pèdre, se proposaient de bons coups contre les Bretons et les Gascons, leurs ennemis acharnés.

Il va sans dire que les plans les plus téméraires, et partant les plus lucratifs, fermentaient dans la tête de notre ami messire Hugues de Caverley.

Henri de Transtamare n'était point en arrière de tous ces préparatifs belliqueux. Il avait été joint par ses deux frères don Tellez et don Sanche, leur avait confié un commandement, et marchait à petites journées au-devant de son autre frère don Pèdre.

On sentait par toute l'Espagne cette ardeur fébrile qui passe pour ainsi dire dans l'air et qui précède les grands événements. Musaron, toujours prévoyant et philosophe à la fois, exhortait son maître à manger le plus fin gibier et à boire le meilleur vin pour être plus fort dans la bataille et se faire d'autant plus d'honneur.

Enfin Agénor, livré à lui-même, rendu plus amoureux que jamais par la possession d'un instant, combinait tous les moyens possibles et impossibles de se rapprocher d'Aïssa, de l'enlever, afin de ne pas être obligé d'attendre cet événement si chanceux d'une bataille, où l'on arrive fier et fort, mais d'où l'on peut sortir fuyard ou blessé à mort.

A cet effet, des libéralités de Bertrand il avait acheté deux chevaux arabes, que Musaron dressait chaque jour à faire de longues traites et à supporter la faim et la soif.

Enfin, on apprit que le prince de Galles venait de passer les défilés et d'entrer dans la plaine. Il se porta, avec l'armée qu'il avait amenée de la Guienne, près de la ville de Vittoria, à peu de distance de Navarrete.

Il avait trente mille cavaliers et quarante mille fantassins. C'était à peu près une force égale à celle que commandait don Pèdre.

De son côté, Henri de Transtamare avait sous ses ordres soixante mille hommes de pied et quarante mille chevaux.

Bertrand, campé à l'arrière-garde avec ses Bretons, laissait les Espagnols faire leurs rodomontades et célébrer déjà de part et d'autre la victoire que ni l'un ni l'autre n'avait encore gagnée.

Mais il avait ses espions qui lui rapportaient jour par jour ce qui se faisait dans l'armée de don Pèdre et même dans celle de don Henri, mais il savait tous les projets de Caverley lui-même au moment où la féconde imagination de l'aventurier les enfantait.

Il savait en conséquence que le digne capitaine, affriandé par les captures de rois qu'il avait déjà faites, s'était offert au prince de Galles pour terminer d'un seul coup la guerre.

Son plan était on ne peut plus simple, c'était celui de l'oiseau de rapine qui plane si haut dans les airs qu'il est invisible, qui fond tout à coup sur sa proie et l'enlève dans ses serres au moment où elle s'y attend le moins.

Messire Hugues de Caverley se liguait avec Jean Chandos, le duc de Lancastre et une partie de l'avant-garde anglaise, donnait inopinément sur le quartier de don Henri, l'enlevait, lui et sa cour, faisait ainsi d'un seul coup vingt rançons, dont une seule eût suffi à la fortune de six aventuriers.

Le prince de Galles avait accepté; il n'avait rien à perdre et tout à gagner au marché qu'on lui proposait.

Malheureusement messire Bertrand Duguesclin avait, comme nous l'avons dit, des espions qui lui rapportaient tout ce qui se faisait dans l'armée ennemie.

Plus malheureusement encore, il avait contre les Anglais en général une vieille rancune de Breton, et contre messire Caverley en particulier une haine toute neuve.

Il recommanda donc à ses espions de ne pas s'endormir un seul instant, ou, s'ils s'endormaient, de ne dormir au moins que d'un œil.

Il fut en conséquence prévenu des moindres mouvements de messire Hugues de Caverley.

Une heure avant que le digne capitaine quittât le camp du prince de Galles, le connétable prit six mille chevaux bretons et espagnols, et envoya, par un chemin opposé au sien, Agénor et le Bègue de Villaines prendre un poste dans un bois que séparait un défilé.

Chacune des deux troupes devait occuper la portion de bois parallèle, puis, quand les Anglais seraient passés, fermer le défilé derrière eux.

De son côté, Henri de Transtamare, prévenu, tenait tout son monde sous les armes.

Caverley devait donc se heurter à une muraille de fer, puis, lorsqu'il voudrait battre en retraite, il se trouverait enveloppé par une autre muraille de fer.

Hommes et chevaux étaient embusqués à la tombée de la nuit. Chaque cavalier, couché ventre à terre, tenait à la main la bride de son cheval.

Vers dix heures, Caverley et toute sa troupe s'engagèrent dans le défilé. Les Anglais marchaient avec une telle sécurité, qu'ils ne firent pas même sonder le bois, ce que d'ailleurs la nuit rendait sinon impossible, du moins fort difficile.

Derrière les Anglais, les Bretons et les Espagnols se réunirent comme les deux tronçons d'une chaîne que l'on joint.

Vers minuit, on entendit un grand bruit : c'était Caverley qui fondait sur le quartier du roi don Henri, et celui-ci qui le recevait aux cris de don Henri et Castille !

Alors Bertrand, ayant Agénor à sa droite et le Bègue de Villaines à sa gauche, mit toute sa troupe au galop, au cri de Notre-Dame-Guesclin !

En même temps, de grands feux s'allumèrent sur les flancs et éclairèrent la scène, montrant à Caverley ses cinq ou six mille aventuriers pris entre deux armées.

Caverley n'était pas homme à chercher une mort glorieuse, mais inutile. A la place d'Edouard III, à Crécy, il eût fui ; à la place du prince de Galles, à Poitiers, il se fût rendu.

Mais, comme on ne se rend qu'à la dernière extrémité, surtout lorsqu'en se rendant on risque d'être pendu, il mit son cheval au galop et, par une des ouvertures latérales, il disparut, comme au théâtre disparaît le traître par une des coulisses mal fermées.

Tout son bagage, une somme considérable en or, une cassette de pierreries et de joyaux, fruit de trois ans de rapines, pendant lesquels, pour échapper à la corde, il avait fallu au digne capitaine plus de génie que n'en avaient jamais déployé Alexandre, Annibal ou César, tombèrent aux mains du bâtard de Mauléon.

Musaron en fit le compte, tandis qu'on dépouillait les morts et qu'on enchaînait les prisonniers ; il se trouva alors qu'il était au service d'un des plus riches chevaliers de la chrétienté.

Ce changement, et il était immense, ce changement s'était fait en moins d'une heure.

Les aventuriers avaient été taillés en pièces ; deux ou trois cents seulement s'étaient sauvés à grand'peine.

Ce succès inspira tant d'audace aux Espagnols, que don Tellez, le jeune frère de Henri de Transtamare, poussant son cheval en avant, voulait marcher à l'instant même, et sans autre préparation, à l'ennemi.

— Un moment, seigneur comte, dit Bertrand ; vous n'allez pas, je présume, marcher tout seul à l'ennemi et risquer de vous faire prendre sans gloire.

— Mais toute l'armée marchera avec moi, je suppose, répondit don Tellez.

— Non pas, seigneur, non pas, répondit Bertrand.

— Que les Bretons restent s'ils veulent, dit don Tellez, mais je marcherai avec les Espagnols.

— Pourquoi faire ?

— Pour battre les Anglais.

— Pardon, dit Bertrand, les Anglais ont été battus par les Bretons, mais ils ne le seraient point par les Espagnols.

— Plaît-il ? s'écria impétueusement don Tellez en marchant sur le connétable, et pourquoi ?

— Parce que, dit Bertrand sans s'émouvoir, parce que les Bretons sont meilleurs soldats que les Anglais, mais que les Anglais sont meilleurs soldats que les Espagnols.

Le jeune prince sentit la colère lui monter au front.

— C'est chose étrange, dit-il, que le maître ici, en Espagne, soit un Français ; mais nous allons savoir tout à l'heure si don Tellez obéira au lieu de commander. Çà ! qu'on me suive !

— Mes dix-huit mille Bretons ne bougeront que si je leur fais signe de bouger, dit Bertrand ; quant à vos Espagnols, je n'en suis le maître que si votre maître et le mien, don Henri de Transtamare, leur commande de m'obéir.

— Que ces Français sont prudents ! s'écria don Tellez exaspéré. Quel sang-froid ils conservent, non-seulement dans le danger, mais encore devant l'injure ! Je vous en fais mon compliment, seigneur connétable.

— Oui, monseigneur, répliqua Bertrand, mon sang est froid quand il se contient, mais il est chaud quand il coule.

Et tout prêt à s'emporter, le connétable serra ses larges poings contre sa cotte de mailles.

— Il est froid, vous dis-je, continua le jeune homme, et cela parce que vous êtes vieux. Or, quand on vieillit on commence à avoir peur.

— Peur ! s'écria Agénor en poussant son cheval au-devant de don Tellez ; quiconque dira une fois que le connétable a peur, ne le dira pas deux fois !

— Silence ! ami, dit le connétable ; laissons les fous faire leurs folies, et patience, patience !

— Respect au sang royal ! s'écria don Tellez ; respect, entendez-vous ?

— Respectez-vous vous-même, si vous voulez que l'on vous respecte, dit tout à coup une voix qui fit tressaillir le jeune prince, car c'était celle de son frère aîné que l'on avait prévenu de cette altercation fâcheuse, et n'insultez pas surtout notre allié, notre héros.

— Merci, sire, dit Bertrand; votre langue est généreuse de m'épargner une besogne toujours triste, celle de châtier les insolents. Mais ce n'est pas pour vous que je parle, don Tellez : vous comprenez déjà combien vous avez tort.

— Tort... moi ! d'avoir dit que nous allions livrer bataille? N'est-il pas vrai, sire, que nous allons marcher à l'ennemi? dit don Tellez.

— Marcher à l'ennemi... en ce moment! s'écria Duguesclin, mais c'est impossible.

— Non, mon cher connétable, dit don Henri, si peu impossible, qu'au point du jour nous en serons aux mains.

— Seigneur, nous serons battus.

— Et pourquoi cela?

— Parce que la position est mauvaise.

— Il n'y a pas de position mauvaise; il n'y a que des braves ou des lâches! s'écria don Tellez.

— Seigneur connétable, dit le roi, ma noblesse demande la bataille, et je ne puis refuser ce qu'elle me demande. Elle a vu descendre le prince de Galles, elle aurait l'air de reculer.

— Au reste, reprit don Tellez, le connétable sera libre de nous regarder faire et de se reposer quand nous combattrons.

— Monsieur, répondit Duguesclin, je ferai tout ce que feront les Espagnols, et plus encore, je l'espère, car remarquez bien ceci : Dans deux heures vous attaquez, n'est-ce pas?

— Oui.

— Eh bien ! dans quatre heures vous fuirez là-bas par la plaine, devant le prince de Galles, et moi et mes Bretons, nous serons là où je suis sans qu'un seul homme de pied ait reculé d'une semelle, sans qu'un seul cavalier ait reculé d'un fer à cheval. Restez-y, et vous verrez.

— Allons, sire connétable, dit Henri, modérez-vous.

— Je dis la vérité, sire. Vous voulez livrer bataille, dites-vous ?

— Oui, connétable, je le veux, parce que je le dois.

— Soit donc !

Puis se retournant vers les Bretons :

— Mes enfants, on va livrer bataille. Çà ! qu'on se prépare... Tous ces braves gens et moi, continua-t-il, sire, nous serons ce soir tués ou pris, mais votre volonté soit faite avant toute chose ; seulement rappelez-vous bien que je n'y perdrai, moi, que la vie ou la liberté, tandis que vous, vous y perdrez un trône.

Le roi baissa la tête et se tournant vers ses amis :

— Le bon connétable est dur pour nous ce matin, dit-il ; néanmoins faites vos préparatifs, seigneurs.

— Il est donc vrai que nous serons tués aujourd'hui ? dit Musaron assez haut pour être entendu du connétable.

Celui-ci se retourna.

— Oh ! mon Dieu oui, bon écuyer, dit-il avec un sourire, c'est la vérité pure.

— C'est contrariant, dit Musaron en frappant sur ses chausses pleines d'or ; tués juste au moment où nous allions être riches et jouir de la vie.

X

LA BATAILLE.

Une heure après cette lugubre réflexion du bon écuyer, comme Bertrand appelait Musaron, le soleil se leva sur la plaine de Navarrete aussi pur, aussi calme et aussi tranquille que s'il ne devait pas éclairer bientôt l'une des plus célèbres batailles qui ensanglantent les annales du monde.

Lorsque le soleil se leva, la plaine était occupée par l'armée du roi Henri, disposée en trois corps.

Don Tellez, avec son frère Sanche, tenait la gauche, à la tête de vingt-cinq mille hommes.

Duguesclin, avec six mille hommes d'armes, c'est-à-dire dix-huit mille chevaux à peu près, tenait l'avant-garde.

Enfin don Henri lui-même, placé à droite, à peu près sur le même plan que ses deux frères, tenait la droite avec vingt et un mille chevaux et trente mille fantassins.

Cette armée était disposée comme les trois gradins d'un escalier.

Il y avait une réserve d'Aragonnais bien montés et commandés par les comtes d'Aigues et de Roquebertin.

C'était le 3 avril 1368, et la journée de la veille avait été accablante de chaleur et de poussière.

Le roi Henri monta sur une belle mule d'Aragon et parcourut les vides de ses escadrons, encourageant les uns, louant les autres, et leur représentant surtout le danger qu'il y avait pour eux de tomber vivants entre les mains du cruel don Pèdre.

Quant au connétable, qui se tenait froid et résolu à son poste, il l'était allé embrasser en disant :

— Ce bras va me donner à jamais la couronne. Que n'est-ce la couronne de l'univers ! je vous l'offrirais, car c'est la seule qui soit digne de vous.

Les rois trouvent toujours de ces paroles-là au moment du danger. Il est vrai que le danger, en passant, les emporte avec lui comme fait le tourbillon de la poussière.

Puis il se mit à genoux sur la terre nue, pria Dieu, et tout le monde l'imita.

En ce moment les rayons du soleil levant jaillirent derrière la montagne de Navarrete, et les soldats, en le regardant, aperçurent les premières lances anglaises hérissant le coteau, d'où elles commencèrent à descendre lentement en s'étageant sur différents plateaux aux flancs de la montagne.

Agénor reconnut dans les bannières placées au premier rang celle de Caverley, plus roide et plus fière qu'elle ne l'était au moment même de l'attaque nocturne. Lancastre et Chandos qui, comme notre capitaine, avaient échappé à la défaite de la nuit, commandaient avec lui, d'autant plus résolus qu'ils avaient à prendre une terrible revanche.

Tous trois allèrent prendre position en face de Duguesclin.

Le prince de Galles et le roi don Pèdre se placèrent en face de don Sanche et de don Tellez.

Le captal de Buch, Jean Grailly, se porta devant le roi don Henri de Transtamare.

Pour toute exhortation à ses troupes, le prince Noir, touché de la vue de tant de milliers d'hommes qui allaient s'égorger, le prince de Galles versa des larmes et demanda à Dieu, non la victoire, mais ce droit, qui est la devise de la couronne d'Angleterre.

Alors les trompettes sonnèrent.

Aussitôt on sentit trembler la plaine sous les pieds des chevaux, et un bruit pareil à celui de deux tonnerres roulant au-devant l'un de l'autre gronda dans l'air.

Cependant les deux avant-gardes, composées d'hommes résolus et surtout expérimentés, n'avançaient qu'au pas.

Après les flèches dont l'air fut d'abord obscurci, les chevaliers s'élancèrent l'un sur l'autre, combattirent corps à corps et en silence : c'était pour la partie de l'armée qui n'en était pas encore venue aux mains un spectacle terrible et excitant.

Le prince Noir s'y laissa entraîner comme un simple homme d'armes.

Il poussa au galop tout son corps d'armée contre don Tellez.

C'était la première bataille rangée à laquelle se trouvait le jeune homme, et il voyait venir à lui les hommes qui, avec les Bretons, passaient pour les premiers soldats du monde.

Il eut peur, il recula.

Ses cavaliers, le voyant reculer, tournèrent bride, et en un instant toute l'aile gauche de l'armée fut en déroute sous l'influence d'une de ces paniques dont les plus braves partagent parfois l'entraînement et la honte.

En repassant devant les Bretons, qui, quoique formant d'abord l'avant-garde, se trouvaient maintenant en arrière par le mouvement qu'avait fait don Tellez en se portant en avant, don Tellez précipita sa course en détournant la tête.

Quant à don Sanche, il rencontra le regard méprisant du connétable, et, sous ce regard tout-puissant, s'arrêtant court, il se retourna contre l'ennemi et se fit prendre.

Don Pèdre, qui était à la poursuite des fuyards avec le prince de Galles, ardent à profiter de ce premier succès, voyant l'aile gauche en déroute, se tourna aussitôt contre son frère

Henri ; qui luttait bravement contre le captal de Buch.

Mais, attaqué en flanc par sept mille lances fraîches et insolentes du succès, il plia.

On entendait au milieu du bruit du fer froissé contre le fer, des chevaux hennissants, et des combattants qui hurlaient de rage, la voix du roi don Pèdre dominant tout ce bruit et criant :

— Pas de quartier aux rebelles ! pas de quartier !

Il combattait avec une hache dorée, dont la dorure, depuis le tranchant jusqu'au manche, avait déjà disparu sous le sang.

Pendant ce temps, la réserve, atteinte aux derniers rangs par Olivier de Clisson et le sire de Retz, qui avaient tourné la bataille, était culbutée et mise en fuite. Il n'y avait que Duguesclin avec ses Bretons, qui, ainsi qu'ils l'avaient promis, n'avaient pas reculé d'un pas, et, formés en bloc inattaquable, semblaient un rocher de fer autour duquel venaient s'enrouler, comme de longs et avides serpents, les bataillons vainqueurs.

Duguesclin jeta un regard rapide vers la plaine ; il reconnut la bataille perdue. Il vit fuir trente mille soldats dans toutes les directions ; il vit l'ennemi partout où une heure auparavant étaient des alliés et des amis. Il comprit qu'il n'y avait plus qu'à mourir en faisant le plus de mal possible à l'ennemi.

Il jeta les yeux à gauche et aperçut un vieux mur, rempart d'une ville détruite. Deux compagnies d'Anglais le séparaient de cet appui, qui une fois gagné ne permettait plus de l'attaquer que par devant. Il donna un ordre de sa voix pleine et sonore, les deux compagnies anglaises furent écrasées, et les Bretons se trouvèrent appuyés à la muraille.

Là, Bertrand reforma sa ligne et respira un instant.

Le Bègue de Villaines et le maréchal d'Andrehan reprenaient haleine avec lui.

Agénor, dont le cheval avait été tué dans l'affaire, attendait derrière un des éperons du mur le cheval de main que Musaron lui amenait.

Le connétable profita de ce moment de répit pour lever la visière de son casque, essuyer son visage suant et poudreux, et regarder autour de lui, en comptant tranquillement ce qui lui restait d'hommes.

— Le roi, demanda-t-il, où est le roi ? est-il mort ? a-t-il fui ?

— Non messire, dit Agénor, il n'est ni tué ni en fuite ; le voilà qui se replie et qui vient à nous.

Don Henri couvert du sang ennemi mêlé au sien, la couronne de son casque brisée par un coup de hache, rejoignait le connétable combattant en brave chevalier.

En effet, harcelé, essoufflé, reculant sans fuir sur les jarrets pliés de son cheval, qui n'avait pas cessé un moment de regarder l'ennemi, le brave roi venait doucement aux Bretons, attirant sur ces fidèles alliés la nuée d'Anglais qui, comme des corbeaux, convoitaient cette riche proie.

Bertrand donna l'ordre à cent hommes d'aller soutenir don Henri et de le dégager.

Ces cent hommes se ruèrent sur dix mille, s'ouvrirent un passage et formèrent autour du prince une ceinture au milieu de laquelle il put respirer.

Mais aussitôt libre, don Henri changea de cheval avec un écuyer, jeta son casque moulu de coups, en prit un autre des mains d'un page, s'assura que son épée tenait toujours ferme à la poignée, et, fort comme un autre Antée à qui il suffit de toucher la terre :

— Amis! dit-il, vous m'avez fait roi, voyez si je suis digne de l'être!

Et il se jeta dans la mêlée.

On le vit alors lever quatre fois son épée, et à chaque coup on vit tomber un ennemi.

— Au roi! au roi! dit le connétable; sauvons le roi!

En effet, il était temps; les Anglais se refermaient sur don Henri, comme la mer se referme sur le nageur. Il allait être pris, quand le connétable parvint à ses côtés.

Bertrand le prit par le bras, et, jetant quelques Bretons entre le roi et l'ennemi :

— Assez de courage comme cela ; plus, serait folie. La bataille est perdue, fuyez! c'est à nous de mourir ici en protégeant votre retraite.

Le roi refusait, Bertrand fit un signe, quatre Bretons saisirent Henri de Transtamare.

— Maintenant, Notre-Dame-Guesclin! cria le connétable, à l'ennemi! à l'ennemi!

Et abaissant sa lance, avec ce qui lui restait d'hommes, il attendit le choc de trente mille cavaliers, choc effroyable qui semblait devoir renverser jusqu'au mur contre lequel la petite troupe était appuyée.

— C'est ici qu'il faut se dire adieu, dit Musaron en envoyant à l'ennemi le dernier vireton qui restait dans sa trousse. Ah ! seigneur Agénor, voici ces affreux Mores derrière les Anglais.

— Eh bien ! adieu, mon cher Musaron, dit Agénor remonté et qui était allé se placer côte à côte du connétable.

Le nuage d'hommes arrivait grondant et près d'éclater, on voyait seulement à travers la poussière s'avancer une forêt de lances baissées horizontalement.

Mais tout à coup, dans l'espace vide encore, au risque d'être broyé entre ces deux masses, s'élança un chevalier à l'armure noire, au casque noir, à la couronne noire, et tenant en main un bâton de commandement.

— Arrêtez, dit le chevalier noir en levant le bras, qui fait un pas est mort !

On vit à cette voix puissante les chevaux lancés se tordre sous le mors, quelques-uns touchèrent la terre de leurs jarrets nerveux.

Le prince, alors seul dans l'espace demeuré libre, regarda, avec cette tristesse particulière dont la postérité lui a fait une auréole, ces intrépides Bretons prêts à disparaître sous l'effort du nombre.

— Bonnes gens, dit-il, braves chevaliers, je

ne veux pas que vous mouriez ainsi ; regardez : un dieu n'y résisterait pas.

Puis, se retournant vers Duguesclin, vers lequel il fit un pas en le saluant :

— Bon connétable, continua-t-il, je suis le prince de Galles, et je désire que vous viviez ; votre mort ferait un trop grand vide parmi les braves. Votre épée à moi, je vous en supplie.

Duguesclin était homme à comprendre la vraie générosité ; celle du prince le toucha.

— C'est un loyal chevalier qui parle, dit-il, et je comprends l'anglais parlé de cette façon.

Et il inclina son épée.

A la voix de leur prince, les Anglais avancèrent ; la lance basse, sans précipitation, sans colère.

Le connétable prit son épée par la lame.

Il allait la rendre au prince.

Tout à coup don Pèdre, couvert de sang, avec son armure faussée en dix endroits, apparut sur son cheval écumant.

Il avait quitté ceux qui fuyaient pour venir à ceux qui résistaient encore.

— Quoi ! s'écria-t-il en s'élançant sur le connétable, quoi ! vous laissez vivre ces gens-là ? Mais nous ne serons jamais les maîtres tant qu'ils vivront. Pas de quartier ! A mort ! à mort !

— Ah ! celui-ci est une bête brute, s'écria Duguesclin, et comme une bête brute il mourra.

Puis, comme le prince fondait sur lui, il leva son épée par la lame et asséna de la poignée de fer un tel coup sur la tête de don Pèdre, que celui-ci, pliant sous le coup, qui eût abattu un taureau, tomba sur la croupe de son cheval, étourdi, à demi mort.

Duguesclin releva son terrible fléau.

Mais en s'élançant de son côté au-devant du prince, il avait laissé un espace vide derrière lui; deux Anglais s'y étaient glissés, et tandis qu'il levait les deux bras, ils le saisirent l'un par le casque, l'autre par le milieu du corps:

Celui qui le tenait par le casque l'attirait en arrière, celui qui le tenait par le milieu du corps essayait de l'enlever de sa selle.

— Messire connétable, crièrent-ils ensemble, se rendre ou mourir.

Bertrand releva la tête, et fort comme un taureau sauvage, il arracha de ses arçons l'Anglais qui avait saisi son casque, tandis que, glissant la pointe de son épée sur le gorgerin de l'Anglais qui le tenait à bras-le-corps, il lui traversait le cou, étouffant la menace avec le sang.

Mais cent autres Anglais se ruèrent sur lui, prêts à frapper chacun un coup sur le géant.

— Voyons, cria le prince Noir d'une voix de tonnerre, voyons qui sera assez hardi pour le toucher du doigt.

Aussitôt les plus acharnés firent un pas en arrière, et Duguesclin se trouva libre.

— Assez, mon prince, dit-il, je vous dois deux fois mon épée, vous êtes le plus généreux vainqueur du monde.

Et il tendit son épée au prince.

Agénor tendait la sienne.

— Êtes-vous fou ? lui dit Bertrand ; vous avez un bon cheval frais entre les jambes. Fuyez, gagnez la France, dites au bon roi Charles que je suis prisonnier ; et s'il ne veut rien faire pour moi, allez trouver mon frère Olivier ; il fera, lui.

— Mais, monseigneur, objecta Agénor.

— On ne fait pas attention à vous, partez, je le veux.

— Alerte ! alerte ! dit Musaron, qui ne demandait pas mieux que de gagner aux champs. Profitons de ce que nous sommes petits, nous reviendrons grands.

En effet, le Bègue de Villaines, le maréchal, les grands capitaines étaient disputés par les Anglais. Agénor se glissa entre eux, Musaron se glissa derrière son maître, et tous deux, mettant leurs montures au galop, s'éloignèrent sous une grêle de flèches, dont les saluèrent, mais trop tard, Caverley et Mothril.

XI

APRÈS LA BATAILLE.

Le nombre des prisonniers faits en cette journée avait été considérable.

Les vainqueurs comptaient et additionnaient les hommes comme on compte des sacs d'écus étiquetés.

Avec Caverley, le Vert-Chevalier, quelques Français aventuriers se distinguaient dans cette louable occupation, qui consistait à dépouiller le prisonnier, après avoir soigneusement fait inscrire par le profès ses nom, prénoms, titres et grade.

Les vainqueurs avaient donc fait leurs lots de prisonniers. Duguesclin était dans le lot du prince de Galles.

Ce prince l'avait donné en garde au captal de Buch.

Jean de Grailly s'approcha de Bertrand, et lui prenant la main, commença poliment à lui tirer le gantelet, en sorte que ses écuyers se mirent à dépouiller le connétable des différentes pièces de son armure.

Bertrand se laissait faire tranquillement; on n'usait envers lui d'aucune sorte de violence; il comptait toujours et recomptait ses amis, soupirant chaque fois qu'il en manquait un à cet appel tacite.

— Brave connétable, lui dit Grailly, vous me fîtes prisonnier à Cocherel; voyez comme la fortune est inconstante, aujourd'hui vous êtes le mien.

— Oh! oh! dit Bertrand, vous vous trompez, seigneur : à Cocherel, je vous pris; à Navarrete, vous me gardez; vous étiez mon prisonnier à Cocherel; à Navarrete, vous êtes mon gardien.

Jean de Grailly rougit, mais tel était le respect qu'on accordait en ce temps au malheur, qu'il préféra ne pas répondre.

Duguesclin s'assit au revers d'un fossé et invita le Bègue de Villaines, Andrehan et les autres à s'approcher de lui, car le prince de Galles venait de faire sonner les trompettes et de rassembler ses soldats.

— On va prier, dit le connétable ; c'est un brave prince, et très-pieux, que Son Altesse. Prions aussi, nous autres.

— Pour remercier Dieu de ce qu'il vous a sauvé ? dit le Bègue de Villaines.

— Pour lui demander revanche ! répliqua Bertrand.

En effet, le prince de Galles, après avoir adressé à genoux ses remercîments au Seigneur pour cette grande victoire, appela don Pèdre, qui promenait autour de lui des regards farouches, et n'avait pas fléchi le genou un seul instant, perdu qu'il était dans une contemplation sinistre.

— Vous voilà victorieux, dit le prince Noir, et cependant vous avez perdu une grande bataille.

— Comment ? dit don Pèdre.

— Un roi est vaincu, qui ne recouvre la couronne qu'en versant le sang de ses sujets.

— Des rebelles ! s'écria don Pèdre.

— Eh bien ! Dieu ne les a-t-il pas punis de vous avoir abandonnés? Sire, tremblez qu'il ne vous punisse comme eux, si vous abandonnez ceux qu'il vous confie.

— Seigneur ! murmura don Pèdre en s'inclinant, je vous dois ma couronne ; mais par grâce, ajoute-t-il en pâlissant de colère et de honte, ne soyez pas plus imiséricordieux que le Tout-Puissant... Ne me frappez point, moi qui vous remercie.

Et il plia le genou. Le prince Édouard le releva.

— Remerciez Dieu, dit-il ; à moi vous ne devez rien.

Alors le prince tourna le dos et rentra dans sa tente pour prendre un peu de nourriture.

— Enfants, s'écria don Pèdre, lâchant enfin les rênes à son farouche désir, dépouillez les morts ; à vous tout le butin de la journée !...

Et le premier, lancé sur un cheval frais, il parcourut la plaine, interrogeant chaque monceau de cadavres et se dirigeant de préférence vers les bords de la rivière à l'endroit où don Henri de Transtamare avait combattu le captal de Buch.

Une fois là, il mit pied à terre, passa une dague longue, effilée, dans sa ceinture, et, les pieds dans le sang, il chercha silencieusement.

— Vous êtes bien sûr, dit-il enfin à Grailly, de l'avoir vu tomber ?...

— J'en suis sûr, répondit le captal ; son cheval s'abattit frappé d'une hache que mon écuyer lance avec une habileté sans rivale.

— Mais lui, mais lui ?...

— Lui, disparut sous un nuage de flèches. J'ai vu du sang sur ses armes et une montagne tout entière de corps écrasés roula sur lui et l'engloutit.

— Bien ! bien !... Cherchons..., répondit don

Pèdre avec une joie sauvage. Ah ! voilà là-bas un cimier d'or !

Et, avec l'agilité d'un tigre, il sauta sur les cadavres, dont il dérangea ceux qui couvraient le chevalier au cimier doré.

La main tremblante, l'œil dilaté, il leva la visière du casque.

— Son écuyer ! dit-il, rien que l'écuyer !

— Mais ce sont les armes du prince, dit Grailly ; il est vrai qu'il n'a pas de couronne au casque.

— Rusé ! rusé ! Le lâche aura donné ses armes à l'écuyer pour mieux fuir... Mais j'avais tout prévu ; j'avais fait cerner la plaine, il n'a pu traverser le fleuve... Et voilà des prisonniers que mes Mores fidèles me ramènent... il se trouve certainement parmi eux.

— Cherchez toujours parmi les autres cadavres, dit Grailly aux soldats, qui redoublèrent d'ardeur, et cinq cents piastres à qui le trouvera vivant !

— Et mille ducats à qui le trouvera mort ! ajouta don Pèdre. Nous, allons au-devant des prisonniers que ramène Mothril.

Don Pèdre remonta sur son cheval, et, suivi de nombreux cavaliers avides de voir la scène qui se préparait, il piqua vers les limites de la plaine, où l'on voyait un cordon de Mores aux habits blancs pousser devant eux une troupe de fuyards qu'ils avaient ramassés au loin.

— Je crois le voir ! je crois le voir ! hurla don Pèdre en se hâtant.

Il prononça ces mots en passant devant les prisonniers bretons. Duguesclin l'entendit, se souleva, et, d'un œil perçant, interrogeant la plaine :

— Ah ! mon Dieu, dit-il, quel malheur !

Ces mots parurent à don Pèdre la confirmation du bonheur qu'il espérait.

Il voulut, pour mieux savourer ce bonheur, en accabler le connétable, c'est-à-dire frapper à la fois ses deux plus puissants ennemis l'un par l'autre.

— Demeurons, dit-il. Vous, sénéchal, ordonnez à Mothril qu'il vienne avec ses prisonniers me trouver ici... en face de ces seigneurs bretons, fidèles amis de l'usurpateur, du vaincu !... champions d'une cause qui ne les intéressait en rien et qu'ils n'ont pas su faire triompher.

A ces sarcasmes, à cette fureur vindicative, indigne d'un homme, le héros breton n'opposa pas même une réponse qui pût faire supposer qu'il eût entendu.

Il était assis, il resta assis, et causa indifféremment avec le maréchal d'Andrehan.

Cependant don Pèdre avait mis pied à terre, il s'appuyait sur une longue hache et tourmentait la poignée de sa dague, remuant le pied avec autant d'impatience que s'il eût hâté ainsi l'arrivée de Mothril et de ses prisonniers.

Du plus loin que sa voix put se faire entendre :

— Eh bien ! mon brave Sarrasin, cria le roi

à Mothril, mon vaillant faucon blanc, quelle chasse m'apportes-tu ?

— Bonne chasse, monseigneur, répliqua le More, voyez cette bannière.

En effet, il tenait roulé autour de son bras un morceau de drap d'or, brodé aux armes de Transtamare.

— C'est donc lui ! s'écria don Pèdre transporté de joie, lui !...

Et son geste menaçait et désignait un chevalier armé de toutes pièces, avec une couronne en tête, mais sans épée, sans lance, garrotté dans les mille replis d'une corde de soie, aux deux bouts de laquelle pendait une grosse balle de plomb.

— Il fuyait, dit Mothril, j'ai lancé après lui vingt chevaux du désert; mon chef d'archers l'a joint et a reçu le coup mortel ; mais un autre l'a enveloppé dans les nœuds de la corde, il est tombé avec son cheval ; et nous le tenons. Il avait sa bannière en main. Malheureusement un de ses amis nous a échappé pendant qu'il faisait face tout seul.

— A bas la couronne, à bas ! cria don Pèdre en brandissant sa hache.

Un archer s'approcha, et, coupant les nœuds du gorgerin, fit brutalement sauter le casque à la couronne d'or.

Un cri d'effroi, de rage, s'échappa de la bouche du roi ; un cri de joie immense partit du groupe des Bretons.

— Le bâtard de Mauléon ! criaient ceux-ci,

— L'ambassadeur!... Malédiction ! murmura don Pèdre.

— Le Franc ! balbutia Mothril avec rage.

— Moi ! fit simplement Agénor, en saluant du regard Bertrand et ses amis.

— Nous ! dit Musaron, un peu pâle, mais qui distribuait encore à droite, à gauche, des coups de pied aux Mores.

— Il est donc sauvé alors? dit don Pèdre.

— Mon Dieu, oui, sire, répliqua Agénor. J'ai pris derrière un buisson le casque de Sa Majesté, et je lui ai donné mon cheval, qui était frais.

— Tu mourras ! hurla don Pèdre, aveuglé par la rage.

— Touchez-le donc ! s'écria Bertrand, qui fit un bond terrible et vint tomber entre Agénor et don Pèdre. Tuer un prisonnier désarmé ! oh ! vous êtes bien assez lâche pour cela.

— Alors, misérable aventurier, c'est toi qui mourras, dit don Pèdre, tremblant et la bouche écumante.

Il se précipita la dague haute sur Bertrand, qui ferma le poing comme s'il eût voulu assommer un taureau.

Mais une main se posa sur l'épaule de don Pèdre, pareille à la main de Minerve qui, dans Homère, saisit Achille aux cheveux.

— Arrêtez ! dit le prince de Galles, vous allez vous déshonorer, roi de Castille ! Arrêtez, et jetez la dague, je le veux !

Son bras nerveux avait cloué don Pèdre sur la place, le fer échappa des mains de l'assassin.

— Vendez-le-moi, au moins! vociféra le furieux, je le payerai son pesant d'or.

— Vous m'insultez!... Prenez-y garde, répliqua le prince Noir, je suis homme à vous payer Duguesclin son poids de pierreries, s'il était à vous; et vous me le vendriez, j'en suis sûr. Mais il est à moi, souvenez-vous-en! Arrière!

— Roi, murmura Duguesclin que l'on contenait à peine, mauvais roi! qui massacres tes prisonniers, nous nous retrouverons!

— Je le crois, dit don Pèdre.

— J'y compte, fit Bertrand.

— Conduisez tout à l'heure le connétable de France à ma tente, dit le prince Noir.

— Encore un instant, mon digne prince, le roi resterait avec le bâtard de Mauléon et l'égorgerait.

— Oh! je ne dis pas non, répliqua don Pèdre avec un sourire féroce, mais celui-là, je pense, est bien à moi?

Duguesclin frémit; il regarda le prince de Galles.

— Sire, dit celui-ci à don Pèdre, il ne sera pas tué en ce jour un seul prisonnier.

— En ce jour, je le veux bien, répondit don Pèdre, lançant à Mothril un regard d'intelligence.

— C'est un trop beau jour de victoire, n'est-ce pas? continua le prince de Galles.

— Assurément, seigneur.

— Et vous ferez bien quelque chose pour moi?

Don Pèdre s'inclina.

— Je vous demande ce jeune homme, dit le prince.

Un profond silence accompagna ces mots auxquels don Pèdre, pâle de colère, ne répondit pas sur-le-champ.

— Oh! seigneur, dit-il, vous me faites sentir que vous êtes le maître... perdre ma vengeance!...

— Si je suis le maître, j'ordonne donc, s'écria le prince Noir indigné, qu'on détache les liens de ce chevalier, qu'on lui rende ses armes, son cheval!...

— Noël! Noël! au bon prince de Galles! crièrent les chevaliers bretons.

— Rançon, au moins, dit Mothril pour gagner du temps.

Le prince jeta un regard oblique sur le More.

— Combien? dit-il avec dégoût.

Le More ne répondit pas.

Le prince détacha de sa poitrine une croix de diamants et la tendit à Mothril.

— Prends, infidèle! dit-il.

Mothril, effrayé, baissa la tête et murmura tout bas le nom du prophète.

— Vous êtes libre, sire chevalier, dit le prince à Mauléon. Libre, vous retournerez en France et vous annoncerez que le prince de Galles, content d'avoir eu l'honneur de posséder par force, durant une saison, le plus redoutable chevalier du monde, renverra Bertrand Duguesclin après la campagne, et le renverra sans rançon.

— L'aumône à ces gueux de France, murmura don Pèdre.

Bertrand l'entendit.

— Seigneur, dit-il au prince, ne soyez pas généreux avec moi, vos amis m'en feraient rougir. J'appartiens à un maître qui payerait ma rançon dix fois, si dix fois je me laissais prendre, et si je m'estimais chaque fois le prix d'un roi.

— Fixez votre rançon, alors, dit le prince avec courtoisie.

Bertrand réfléchit un moment.

— Sire, dit-il, je vaux soixante et dix mille florins d'or.

— Dieu soit loué, s'écria don Pèdre, l'orgueil le perd ! Il n'y a pas, en France, la moitié de cette somme chez le roi Charles V.

— C'est possible, dit Bertrand, mais puisque le chevalier de Mauléon va en France, il voudra bien, avec un écuyer, parcourir la Bretagne, et, dans chaque village, sur chaque route, crier ces mots : « Bertrand Duguesclin est prisonnier des Anglais !... Filez, femmes de Bretagne, il attend de vous sa rançon ! »

— Je le ferai, de par Dieu ! s'écria Mauléon.

— Et vous rapporterez la somme à monseigneur avant que je n'aie eu le temps de m'ennuyer ici, dit Bertrand, ce que, du reste, je ne crois pas, dût ma captivité durer toute ma vie, étant dans la compagnie d'un prince aussi généreux.

Le prince de Galles tendit la main à Bertrand.

— Chevalier, dit-il à Mauléon, devenu libre et tout heureux de tenir son épée, vous vous êtes conduit en cette journée comme un loyal soldat. Vous nous ôtez le grand gain de la bataille en sauvant Henri de Transtamare, mais nous ne vous en voulons pas de nous ouvrir d'autres carrières pour combattre. Prenez cette chaîne d'or et cette croix dont l'infidèle n'a pas voulu.

Il vit don Pèdre parler bas à Mothril, et celui-ci lui répondre par un sourire dont Duguesclin semblait redouter la signification.

— Que personne ne bouge, cria le prince. Je punirai de mort quiconque franchira l'enceinte de mon camp... fût-il chef, fût-il prince, fût-il roi. Chandos, ajouta-t-il, vous êtes le connétable d'Angleterre, et en brave chevalier, vous conduirez le sire de Mauléon jusqu'à la première ville, et vous lui donnerez le sauf-conduit nécessaire.

Mothril, encore une fois terrassé par cette intelligente et persévérante interprétation de ses hideux complots, tourna vers son maître un œil découragé.

Don Pèdre était tombé du haut de sa joie triomphante ; il ne pouvait plus se venger.

Agénor mit un genou en terre devant le prince de Galles, alla baiser la main de Duguesclin, qui le serra dans ses bras et lui dit tout bas :

— Annoncez au roi que nos dévorateurs se sont gorgés, qu'ils vont dormir un peu, et que s'il m'envoie ma rançon je les mènerai où j'ai promis. Dites à ma femme qu'elle vende notre dernière pièce de terre, je vais avoir bien des Bretons à racheter.

Agénor, attendri, monta sur un bon cheval, dit un dernier adieu à ses compagnons et partit.

Musaron grommelait :

— Qui m'eût dit que j'aimerais mieux un Anglais qu'un More ?...

XII

TRAITE D'ALLIANCE.

En même temps que la victoire se décidait en faveur de don Pèdre, que Duguesclin tombait aux mains de l'ennemi et que Mauléon, sur l'invitation du connétable, quittait le champ de bataille où il devait être ramené avec le casque et le manteau du roi Henri, un courrier quittait le même champ de bataille, et se dirigeait vers le village de Cuello.

Là, deux femmes placées à cent pas l'une de l'autre, l'une, dans sa litière, avec une escorte d'Arabes, l'autre, montée sur une mule andalouse, avec une suite de chevaliers castillans attendaient avec toutes les angoisses de la crainte et de l'espoir.

Doña Maria redoutait que la perte de la bataille ne ruinât les affaires de don Pèdre et ne lui fît perdre la liberté.

Aïssa désirait qu'un événement quelconque, victoire ou défaite, ramenât son amant auprès d'elle. Peu lui importait, ou la chute de don Pèdre, ou l'élévation de Henri, pourvu qu'à la suite du cercueil de l'un, ou du char triomphal de l'autre, elle vît reparaître Agénor.

Les deux femmes se rencontrèrent un soir avec cette double douleur. Maria était plus qu'inquiète, elle était jalouse. Elle savait que Mothril vainqueur n'aurait plus à s'occuper que des plaisirs du roi. Elle avait deviné toute sa politique; et Aïssa, dans sa simplicité, lui avait confirmé ces soupçons instinctifs.

Aussi, bien que la jeune fille fût gardée par vingt esclaves, affidés de Mothril, bien que le More l'eût, selon sa coutume, enfermée dans sa litière, Maria ne la perdait pas de vue.

Le More, ne voulant pas exposer le précieux trésor aux risques du combat et à la brutalité des Anglais auxiliaires, avait laissé la litière au village de Cuello, peuplé d'une vingtaine de masures et distant de deux lieues à peu près du champ de bataille de Navarrete.

Il avait donné à ses esclaves des ordres formels.

C'était d'abord de l'attendre et de n'ouvrir qu'à lui la litière soigneusement fermée.

S'il ne revenait pas, s'il était tué dans le combat, il avait donné d'autres injonctions, comme on le verra plus tard.

Aïssa attendait donc l'issue de la bataille au village de Cuello.

Quant à Maria, don Pèdre, en quittant Burgos, l'avait laissée bien gardée. Elle devait attendre là ses nouvelles ; elle avait une grande somme d'argent, des pierreries, et don Pèdre se fiait assez à cet amour dévoué pour connaître qu'en cas de revers, Maria lui serait plus loyalement attachée que dans la bonne fortune.

Mais Maria ne voulait pas souffrir le tourment des femmes vulgaires : la jalousie ! Elle avait pour maxime qu'il vaut mieux toucher un malheur que d'ignorer une trahison. Elle se défiait de Mothril, elle craignait la faiblesse de don Pèdre, elle savait Cuello à une trop petite distance de Navarrete.

Aussi, prenant avec elle six écuyers, vingt hommes d'armes, plutôt amis que serviteurs, elle monta une mule choisie d'Aragon, et vint camper sans être devinée au pied d'une colline derrière laquelle s'élèvent les masures de Cuello.

Montée sur la colline, elle vit s'avancer les bataillons des deux armées ; elle aurait pu voir le combat, mais le cœur lui faillit, à cause de l'importance des événements.

C'était là qu'elle avait rencontré Aïssa.

Elle avait envoyé sur le champ de bataille même un courrier intelligent, et elle l'attendait placée à une faible distance d'Aïssa, que les esclaves gardaient, couchés sur l'herbe.

Ce courrier arriva. Il annonçait le gain de la bataille. Homme d'armes et l'un des chambellans du palais de don Pèdre, il connaissait les principaux chevaliers de l'armée ennemie. Il avait vu Mauléon lors de la réception en audience solennelle à Soria. D'ailleurs Maria le lui avait désigné particulièrement, et il était bien reconnaissable à la barre qui écartelait sur son écu un lion de gueules issant.

Il vint donc annoncer que Henri de Transtamare était vaincu, Mauléon en fuite, Duguesclin prisonnier.

Cette nouvelle, tout en comblant chez Maria Padilla tous les désirs de l'ambition et de l'orgueil, éveilla dans son esprit toutes les craintes de la jalousie.

En effet, don Pèdre vainqueur, rétabli sur le trône, c'était le rêve de son amour et de son orgueil ; mais don Pèdre heureux, envié, exposé aux tentations de Mothril, c'était le spectre de ce même amour si inquiet, si dévoué.

Maria prit son parti avec l'audace qui la caractérisait.

Elle ordonna aux hommes d'armes de la suivre et descendit la montagne en s'entretenant avec son messager.

— Vous dites que le bâtard de Mauléon a fui ? demanda-t-elle.

— Comme fuit le lion, oui, madame, sous une nuée de flèches.

C'était de la première fuite de Mauléon que parlait le messager, car il était déjà parti lorsqu'on avait ramené le bâtard revêtu des armes de Henri.

— Où suppose-t-on qu'il aille?

— En France, comme l'oiseau échappé s'enfuit vers le nid.

— En effet, pensa-t-elle. Chevalier, combien compte-t-on de journées d'ici en France?

— Douze, madame, pour une dame comme vous.

— Mais pour n'être pas rejoint si l'on s'échappait... comme le bâtard de Mauléon, par exemple?

— Oh! madame, en trois jours on défierait l'ennemi le plus acharné. D'ailleurs, on n'a plus poursuivi ce jeune homme, on tenait le connétable.

— Mais Mothril, qu'est-il devenu?

— Il a reçu l'ordre de cerner la plaine pour empêcher l'évasion des fuyards, et surtout celle de Henri de Transtamare, s'il vit encore.

— Il ne s'occupera donc plus de Mauléon, pensa encore Maria. Suivez-moi, chevalier.

Elle s'approcha de la litière d'Aïssa; mais à l'approche de sa troupe les gardiens mores s'étaient levés de dessus l'herbe qu'ils foulaient dans un demi-sommeil plein de nonchalance.

— Holà! dit-elle, qui commande ici?

— Moi, señora, dit le chef reconnaissable à la pourpre de son turban et de sa ceinture flottante.

— Je veux parler à la jeune femme qui est cachée dans cette litière.

— Impossible, señora, dit laconiquement le chef.

— Vous ne me connaissez pas peut-être?

— Oh! si bien, dit le More avec un demi-sourire, vous êtes doña Maria Padilla.

— Vous devez savoir alors que j'ai tout pouvoir, de par le roi don Pèdre?

— Sur les gens du roi don Pèdre, dit le More gravement, non sur ceux du Sarrasin Mothril.

Doña Maria vit avec inquiétude ce commencement de résistance.

— Avez-vous donc des ordres contraires? dit-elle doucement.

— J'en ai, señora.

— Lesquels, au moins?

— A toute autre, señora, je refuserais de le dire; mais à vous, toute-puissante, je le dirai. Si la bataille est perdue et que le seigneur Mothril tarde à venir, je ne dois remettre doña Aïssa qu'à lui seul; par conséquent, j'ai à me retirer avec ma troupe.

— La bataille est gagnée, dit doña Maria.

— Alors, Mothril va venir.

— S'il est mort?

— Je dois, continua imperturbablement le More, conduire doña Aïssa au roi don Pèdre; car ce sera bien le moins que le roi don Pèdre se fasse tuteur de la fille de l'homme qui sera mort pour lui.

Maria frémit.

— Mais il vit, il va venir, et en attendant, je

puis bien dire deux mots à doña Aïssá. M'entendez-vous, señora ? dit-elle.

— Madame, dit vivement le chef en s'approchant de la litière, ne forcez pas la señora à vous parler, car j'ai un ordre bien plus terrible, en pareil cas.

— Et lequel?

— Je dois la tuer de ma main, si quelque communication entre elle et un étranger souillait l'honneur de mon maitre et contrariait sa volonté.

Doña Maria recula épouvantée. Elle connaissait les mœurs du pays et du peuple, mœurs farouches, intraitables, sourdes exécutrices de toute volonté supérieure au service de laquelle elles se mettent avec la fougue du sang et la brutalité du climat.

Elle revint vers son chevalier, qui attendait la lance au poing, avec ses autres gens d'armes, tous immobiles comme des statues de fer.

— Il me faudrait cette litière, dit-elle ; mais elle est bien défendue, et le chef des Mores menace de tuer la femme qui est sous ces rideaux, si l'on en approche.

Le chevalier était Castillan, c'est-à-dire plein d'imagination et de galanterie; il avait l'esprit qui invente, le courage et la force qui exécutent.

— Señora, dit-il, ce drôle à face jaune me fait rire, et je lui en veux d'avoir épouvanté Votre Seigneurie. Il ne réfléchit donc pas que, si je le clouais sur le brancard de sa litière, il ne pourrait tuer la dame qu'elle renferme.

— Oh! tuer cet homme qui a une consigne!

— Voyez comme il fait bon guet, il fait apprêter les armes de ses compagnons.

Ces mots étaient prononcés en pur castillan. Les Mores regardaient avec de gros yeux étonnés, car s'ils comprenaient l'arabe que leur avait parlé doña Maria, s'ils comprenaient les gestes assez effrayants des chevaliers, ils ne comprenaient pas l'espagnol, obéissant en cela aux routinières pratiques de la religion mahométane, qui concentrent dans la langue arabe et dans le Corah toute puissance, toute supériorité.

— Voyez, madame, ils vont nous attaquer les premiers, si nous ne nous retirons; ce sont des chiens altérés que ces Mores, dit le chevalier, éprouvant une forte envie de fournir un bon coup de lance sous les yeux d'une belle et noble dame.

— Attendez! dit Maria, attendez! Vous pensez qu'ils ne comprennent pas le castillan?

— J'en suis sûr; essayez de leur parler, señora.

— J'ai une autre idée, dit Maria Padilla. Doña Aïssa, dit-elle en espagnol à haute voix, mais en se tournant vers le chevalier; vous m'entendez sans doute? Si vous m'entendez, agitez les rideaux de la litière.

A ces mots, on vit trembler à plusieurs reprises les rideaux de brocart.

Les Mores ne bougèrent pas, absorbés qu'ils étaient dans leur surveillance.

— Vous voyez que pas un ne s'est retourné, dit le chevalier.

— C'est peut-être une ruse, dit doña Maria ; attendons encore.

Puis elle continua de s'adresser de la même manière à la jeune femme.

— Vous n'êtes observée que d'un côté de la litière ; les Mores, tout entiers à nous surveiller, vous laissent libre le côté opposé à celui où nous sommes. Si la litière est fermée, coupez les rideaux avec votre couteau et glissez à bas de la litière. Il y a là-bas, à deux cents pas d'ici, un gros arbre derrière lequel vous pouvez vous réfugier. Obéissez promptement, il s'agit de rejoindre qui vous savez ; je vous en apporte les moyens.

A peine Padilla, toujours indifférente en apparence, eut-elle prononcé ces paroles, qu'on vit osciller la litière sous un balancement imperceptible. Les chevaliers firent une manifestation hostile en apparence vers les Mores, qui s'avançaient de leur côté en bandant leurs arcs et en détachant leurs masses.

Cependant les Castillans, le visage tourné vers les Mores, avaient vu, de l'autre côté de la litière, fuir comme une colombe la belle Aïssa, dans l'espace resté vide entre la litière et l'arbre aux épais rameaux.

Lorsqu'elle fut là :

— Soit ! ne craignez rien, dit doña Maria aux Mores ; gardez votre trésor, nous n'y toucherons pas ; seulement, rangez-vous et livrez-nous passage.

Le chef, dont les traits se déridèrent aussitôt,

se rangea en s'inclinant ; ses compagnons l'imitèrent.

Il en résulta que l'escorte de doña Maria passa vite et en sûreté, pour aller se placer entre Aïssa et ceux qui, l'instant d'auparavant, étaient ses gardiens.

Aïssa avait tout compris ; lorsqu'elle vit s'étendre devant elle ce mur protecteur de vingt hommes de fer, elle se jeta dans les bras de doña Maria, lui baisant les mains avec effusion.

Le chef des archers mores vit la litière vide, comprit la ruse et poussa un cri de rage ; il se voyait joué, perdu !... Un instant il eut l'idée de se jeter tête baissée contre les gens d'armes de Maria. mais, épouvanté par l'inégalité de la lutte, il préféra sauter sur un cheval que lui tenait l'écuyer de Mothril, et partit au galop vers le champ de bataille.

— Il n'y a pas de temps à perdre, dit doña Maria au chevalier ; seigneur, toute ma reconnaissance, si vous parvenez à éloigner cette jeune femme de Mothril et à la conduire sur la route qu'a prise le bâtard de Mauléon.

— Madame, répliqua le chevalier, Mothril est le favori de notre roi, cette femme est sa fille et par conséquent lui appartient, je lui vole donc sa fille.

— Vous m'obéissez, seigneur chevalier.

— C'est plus qu'il n'en faut, madame, et si je dois périr j'aurai donné ma vie pour vous... Mais si le roi don Pèdre me rencontre hors du poste que j'ai l'ordre d'occuper près de vous, que répondrai-je? La faute sera plus grave, j'aurai désobéi à mon roi.

— Vous avez raison, seigneur, il ne sera pas dit que la vie et l'honneur d'un brave chevalier tel que vous seront compromis par le caprice d'une femme !... Indiquez-nous le chemin, doña Aïssa va monter à cheval, m'accompagner jusqu'à la route qu'a suivie le bâtard de Mauléon, et là... eh bien! là, nous la quitterons et vous me ramènerez.

Mais tel n'était pas le dessein de doña Maria, elle comptait seulement gagner du temps en ménageant les scrupules du chevalier. Elle était femme accoutumée à vouloir et à réussir ; elle comptait sur sa bonne fortune.

Le chevalier mit son cheval au pas de la haquenée de doña Maria. On amena pour Aïssa une mule blanche d'une vigueur et d'une beauté rares, l'escorte prit le galop et, coupant la plaine à gauche du champ de bataille, se dirigea bride abattue vers la route de France, tracée à l'horizon par de grands bouleaux ondoyant sous le vent d'est.

Nul ne parlait, nul ne songeait qu'à doubler la rapidité des chevaux écumants. Déjà les deux lieues étaient dévorées; le champ de bataille, diapré de sang, de morts et de moissons écrasées, d'arbres broyés, apparaissait comme un gigantesque linceul rempli de cadavres, quand au détour d'une haie Maria vit venir à elle un chevalier au galop,

Elle reconnut le panache et la ceinture d'épée.

— Don Ayalos! cria-t-elle au prudent messager, qui faisait déjà un détour pour éviter une rencontre suspecte, est-ce vous?

— Oui, noble dame, c'est moi, répondit le Castillan, reconnaissant la maîtresse du roi.

— Quelles nouvelles? dit Maria en arrêtant court sa haquenée aux jarrets d'acier.

— Une étrange : on a cru avoir pris le roi Henri de Transtamare, Mothril s'était mis à la poursuite des fuyards ; mais, en levant la visière de cet inconnu, qui portait le casque du roi, on s'est aperçu qu'il n'était autre que le chevalier de Mauléon, cet ambassadeur français qui, après avoir fui, s'est laissé prendre pour sauver don Henri.

Aïssa poussa un cri.

— Il est pris! dit-elle.

— Il est pris; et lorsque je suis parti, le roi, transporté de colère, le menaçait de sa vengeance.

Aïssa leva les yeux au ciel avec désespoir.

— Il le tuerait? dit-elle, impossible!

— Il a bien failli tuer le connétable.

— Mais je ne veux pas qu'il meure! s'écria la jeune femme en poussant sa mule vers le champ de bataille.

— Aïssa! Aïssa! vous me perdez! vous vous perdez vous-même, dit doña Maria.

— Je ne veux pas qu'il meure, répéta fanatiquement la jeune fille.

Et elle continua sa course.

Doña Maria, incertaine, haletante, cherchait à reprendre le sentiment et la raison, quand on entendit gronder la terre sous le poids d'une troupe de cavaliers rapides.

— Nous sommes perdus, dit le chevalier en se haussant sur les étriers, c'est une escouade de Mores qui viennent plus prompts que le vent, et voilà le chef qui la précède.

En effet, avant qu'Aïssa se fût écartée de la route, cette furieuse cavalcade, s'ouvrant comme une onde précipitée sur l'angle d'une arche, l'entoura, l'étreignit, enveloppa ses compagnons et doña Maria elle-même, qui, malgré toute sa résolution, resta défaillante et pâle à la gauche du chevalier, dont l'intrépidité ne se démentit pas.

Alors Mothril, sur son cheval arabe, sortit du groupe, saisit la bride de la mule d'Aïssa, et d'une voix étranglée par la fureur :

— Où alliez-vous? dit-il.

— Je cherchais don Agénor que vous voulez tuer, dit-elle.

Mothril aperçut alors doña Maria.

— Ah!... en compagnie de doña Maria, s'écria-t-il avec un affreux grincement de dents, je devine! je devine!...

L'expression de son visage devint si effrayante que le chevalier mit sa lance en arrêt.

— Vingt contre cent vingt, dit-il, nous sommes perdus.

XIII

LA TRÊVE.

Mais le combat n'était pas ce que désirait Mothril.

Il se tourna lentement vers la plaine, donna un dernier regard au champ de bataille, et s'adressant à Maria Padilla :

— Je croyais, dit-il, madame, que notre seigneur le roi vous avait fixé un endroit de retraite; serait-ce qu'il a changé d'avis et que vous obéissez à un nouvel ordre?

— Des ordres! répliqua la fière Castillane, oublies-tu, Sarrasin, que tu parles à celle qui a l'habitude non d'en recevoir, mais d'en donner.

Mothril s'inclina.

— Mais, madame, dit-il, si vous avez le don d'agir à votre désir, vous ne supposez pas pouvoir disposer de doña Aïssa selon votre volonté... Doña Aïssa est ma fille.

Aïssa se préparait à répondre par quelque exclamation furieuse, Maria l'interrompit.

— Seigneur Mothril, dit-elle, à Dieu ne plaise que je porte le trouble dans votre famille! Ceux-là qui veulent être respectés respectent les autres. J'ai vu doña Aïssa seule, éplorée, mourant d'inquiétude, je l'ai emmenée avec moi.

Aïssa ne put se retenir plus longtemps.

— Agénor! cria-t-elle, qu'avez-vous fait de mon chevalier don Agénor de Mauléon?

— Ah! fit Mothril, n'est-ce pas ce seigneur dont ma fille était inquiète?

Et un funeste sourire éclaira sa physionomie contractée.

Maria ne répondit pas.

— N'est-ce pas à ce seigneur que, charitablement, vous meniez ma fille éplorée? continua Mothril s'adressant à Maria; dites, madame.

— Oui, dit Aïssa, et je persiste à l'aller trouver. Oh! ton regard ne m'effraye pas, mon père. Quand Aïssa veut, elle veut bien. Je veux aller trouver don Agénor de Mauléon; conduis-moi vers lui.

— Vers un infidèle! fit Mothril, dont les traits, de plus en plus altérés, devinrent livides.

— Vers un infidèle, oui, car cet infidèle est...

Maria l'interrompit.

— Voici le roi, s'écria-t-elle; il vient à nous.

Aussitôt le More fit un signe à ses esclaves. Aïssa fut entourée, séparée de Maria Padilla.

— Vous l'avez tué! vous l'avez tué! s'écria la jeune fille, eh bien! je mourrai aussi!

Elle tira de son fourreau d'or une petite lame acérée comme la langue des vipères, et qui fit jaillir un éclair au soleil de la plaine.

Mothril se précipita vers elle... toute sa fureur l'avait abandonné, toute sa férocité avait fait place à la plus douloureuse anxiété.

— Non, dit-il, non; il vit! il vit!

— Qui me l'assurera? répliqua la jeune fille en interrogeant le More de son regard de feu.

— Demande au roi lui-même : croiras-tu le roi?

— C'est bien, demandez-le-lui et qu'il réponde.

Don Pèdre s'était approché.

Maria Padilla s'était jetée dans ses bras.

— Seigneur, dit tout à coup Mothril, dont la tète semblait près de s'égarer, est-il vrai que ce Français, ce Mauléon soit mort?

— Non, par l'enfer! dit le roi d'une voix sombre, non ; je n'ai pu seulement frapper ce traître, ce démon ; non, il fuit, le misérable, renvoyé en France par le prince Noir ; il fuit, libre, heureux, moqueur, comme le passereau échappé au vautour.

— Il fuit! répéta doña Aïssa, il fuit! est-ce bien vrai?

Et son regard interrogeait tous les assistants.

Mais dans l'intervalle, Maria Padilla, qui avait recueilli des nouvelles positives et qui savait à quoi s'en tenir sur le salut de Mauléon, fit signe à la jeune fille qu'elle pouvait rester, et que son amant était sain et sauf.

Soudain, tout le délire de la jeune Moresque s'apaisa comme s'apaisent les tempêtes au retour du soleil. Elle se laissa conduire par Mothril, qu'elle suivit en baissant le front, sans s'apercevoir que le roi don Pèdre fixait sur elle un regard enflammé, absorbée qu'elle était par cette seule pensée qu'Agénor était vivant, par cette seule espérance qu'elle pouvait encore le revoir.

Ce regard du roi, Maria Padilla le surprit et en devina le sens ; mais en même temps elle lut aussitôt sur le visage de la jeune Moresque le dégoût profond que les paroles cruelles de don Pèdre, au sujet d'Agénor, avaient soulevé chez elle.

— N'importe, dit-elle, Aïssa ne restera pas à la cour ; elle partira, je la réunirai à Mauléon. Il le faut ! Mothril s'y opposera de tout son pouvoir ; mais tout est là, Mothril ou moi nous devons succomber dans la lutte.

Et comme elle achevait de former ce projet, elle entendit le roi soupirer à l'oreille du More :

— Le fait est qu'elle est bien belle ! Je ne l'ai jamais vue si belle qu'aujourd'hui.

Mothril sourit.

— Oui ! continua Maria, pâle de jalousie, voilà toute la cause de la guerre !

La rentrée de don Pèdre à Burgos se fit avec toute la splendeur qu'une victoire décisive donne à la puissance légitime.

Les rebelles ne pouvaient plus rien espérer, ils se soumirent, et l'enthousiasme de leur palinodie fut aussi puissant que les exhortations du prince de Galles pour changer en mansuétude la cruauté ordinaire de don Pèdre.

Ce prince se contenta donc de faire pendre une douzaine de bourgeois, de faire étriller par les soldats une centaine des plus signalés mutins et de lever quelques bonnes confiscations pour son trésor sur une des plus riches villes de l'Espagne.

Et puis, comme il était las de ces luttes acharnées, comme il voyait la fortune lui sourire, comme il éprouvait le besoin de réchauffer au soleil joyeux des fêtes son esprit et son cœur, il fit de Burgos une ville royale. Les bals et les tournois se succédèrent sans interruption ; on distribua des dignités, des récompenses ; on oublia la guerre, on oublia presque la haine.

Cependant Mothril veillait, mais au lieu de s'occuper, en ministre prudent, des événements, d'une résurrection probable de la guerre, il endormait le roi dans une sécurité profonde.

Déjà don Pèdre avait congédié, mécontents, les Anglais ; quelques places fortes. demeurées au pouvoir de ces derniers, les indemnisaient mal, et dangereusement, des frais énormes de la guerre.

Le prince de Galles avait fait et présenté son compte à son allié. La somme était effrayante. Don Pèdre, sentant qu'il était périlleux de lever des impôts au moment d'une restauration, demandait du temps pour payer. Mais le prince anglais connaissait son allié, il ne voulait pas attendre. Il y avait donc très-réellement, autour de don Pèdre, même dans sa prospérité, des germes de malheur tels, que le plus malheureux prince, le plus ruiné de tous les vaincus eût préféré sa condition.

Mais c'était le moment que Mothril attendait et peut-être avait prévu. Sans affecter d'être ému, il sourit des prétentions de l'Anglais, en suggérant au prince espagnol que cent mille Sarrasins vaudraient bien dix mille Anglais, coûteraient moins. ouvriraient à l'Espagne le passage vers une domination africaine, et qu'une double couronne serait le résultat de cette politique.

Puis il lui soufflait en même temps que le seul moyen de réunir solidement les deux couronnes sur une seule tête était une alliance; qu'une fille des anciens princes arabes du sang vénéré des califes, assise aux côtés de don Pèdre sur le trône de Castille, rallierait en un an toute l'Afrique, tout l'Orient même à ce trône.

Et cette fille des califes, on le comprend bien, c'était Aïssa.

Désormais la voie s'aplanissait pour le More. Il touchait à la réalisation de ses rêves. Mauléon n'était plus un obstacle, puisqu'il était parti. D'ailleurs, cet obstacle en était-il vraiment un? Qu'était-ce que Mauléon? Un chevalier, un rêveur franc, loyal et crédule! Etait-ce donc là un antagoniste à craindre pour le sombre et rusé Mothril?...

L'obstacle sérieux venait donc d'Aïssa, d'Aïssa seulement.

Mais la force dompte toute résistance. Il ne s'agissait que de prouver à la jeune fille une infidélité de Mauléon. C'était chose facile. Depuis quand les Arabes ne pratiquaient-ils plus soit l'espionnage pour découvrir la vérité, soit le faux témoignage pour établir le mensonge?

Un autre empêchement plus grave et qui faisait froncer les sourcils du More, c'était cette femme altière et belle, cette femme encore toute-puissante sur l'esprit de don Pèdre par l'habitude et la domination du plaisir.

Maria Padilla, depuis qu'elle avait compris les plans de Mothril, travaillait à les contre-miner avec une habileté digne en tout point de sa rare et exquise nature.

Elle savait jusqu'au moindre désir de don Pèdre, elle captivait son attention, elle éteignait jusqu'au moindre feu qu'elle n'avait pas allumé.

Docile quand elle était seule avec don Pèdre, impérieuse devant tous, maîtresse toujours, elle continuait d'entretenir avec Aïssa, dont elle avait fait son amie, une secrète intelligence.

Lui parlant sans cesse de Mauléon, elle l'empêchait de songer à don Pèdre; et d'ailleurs l'ardente et fidèle jeune fille n'avait pas besoin que l'on entretînt son amour. Son amour, on le sentait bien, ne devait mourir qu'avec sa vie.

Mothril n'avait pu encore surprendre ces entretiens mystérieux; sa défiance sommeillait; il ne voyait qu'un des fils de l'intrigue, celui qu'il tenait; l'autre lui échappait, perdu dans une ombre pleine d'artifice.

Aïssa n'avait plus reparu à la cour; elle attendait silencieusement la réalisation d'une promesse faite par Maria, de lui donner des nouvelles certaines de son amant.

Et de fait, Maria avait expédié en France un émissaire chargé de retrouver Mauléon, de lui apprendre la situation des affaires, et de rapporter de lui un souvenir à la pauvre Moresque, languissant dans l'attente d'une réunion prochaine.

Cet émissaire, montagnard adroit, et sur lequel elle pouvait compter, n'était autre que le fils de la vieille nourrice avec lequel Mauléon l'avait rencontrée déguisée en bohémienne.

Voilà où en étaient les choses tant en Espagne qu'en France; ainsi se tenaient en présence deux intérêts vivants, ennemis furieux, qui n'attendaient, pour se ruer l'un contre l'autre, que le moment où ils auraient acquis par le repos et l'étude toute la plénitude de leurs forces.

Nous pouvons donc, dès à présent, revenir au bâtard de Mauléon, qui, sauf l'amour tenace qui devait le ramener en Espagne, s'en retournait vers sa patrie, léger, joyeux et fier d'être libre comme ce passereau dont parlait le roi de Castille.

FIN DU TOME QUATRIÈME.

En Vente :

LA CIRCASSIENNE, par *Alex. de Lavergne.* 2 vol.
LA FEMME DE SOIXANTE ANS, par *H. de Balzac.* 2 vol.
MARTIN OU L'ENFANT TROUVÉ, par *Eugène Sue.* T. 1 à 4.
MÉMOIRES D'UN MÉDECIN, par *Alex. Dumas.* T. 1 à 7.
LES GRANDS DANSEURS DU ROI, par *Rabou.* Un vol.
LE PÉCHÉ DE M. ANTOINE, par *G. Sand.* 4 vol.
LA COMTESSE DE MONRION, par *Fréd. Soulié.* 4 vol.
ÉDOUARD MONGERON, par *Louis Reybaud.* 5 vol.
LA MARE AU DIABLE, par *G. Sand.* Un vol.
DU PEUPLE, par *Michelet.* 2 vol.
LUCREZIA FLORIANI, par *George Sand.* 2 vol.

www.ingramcontent.com/pod-product-compliance
Lightning Source LLC
Chambersburg PA
CBHW060148100426
42744CB00007B/952